스튜디오 경영 매뉴얼2

-사진가들이여 생존하라-

스튜디오 경영 매뉴얼2

초판 1쇄 인쇄일 2018년 04월 11일
초판 1쇄 발행일 2018년 04월 18일

지은이 한장훈
펴낸이 양옥매
디자인 송다희 정원희
교 정 조준경

펴낸곳 도서출판 책과나무
출판등록 제2012-000376
주소 서울특별시 마포구 방울내로 79 이노빌딩 302호
대표전화 02.372.1537 팩스 02.372.1538
이메일 booknamu2007@naver.com
홈페이지 www.booknamu.com
ISBN 979-11-5776-549-2(13320)

이 도서의 국립중앙도서관 출판시도서목록(CIP)은 서지정보유통지원 시스템
홈페이지(http://seoji.nl.go.kr)와 국가자료공동목록시스템
(http://www.nl.go.kr/kolisnet)에서 이용하실 수 있습니다.
(CIP제어번호: CIP2018010840)

2

한장훈 지음

스튜디오
경 영
매 뉴 얼

사진가들이여 생존하라

사진가들이여,
생존하라

이 책은 『스튜디오 경영 매뉴얼- 바뀌는 시대, 이렇게 대응하라!』에 이은 두 번째 시리즈이다. 필자는 많은 스튜디오의 매뉴얼을 만들면서 10년 넘게 강의를 하였다. 매뉴얼을 만드는 목적은 다름 아닌 스튜디오의 이익을 내는 데 있다.

경기가 호황일 때는 매출을 올리는 것이 중요하고, 경기가 불황일 때는 지출비용을 줄이는 것이 중요하다. 이렇듯 매출을 올리고 지출비용을 줄이는 데 매뉴얼의 역할이 크다. 매뉴얼을 만들면서 오너의 생각과 목표가 정확하고 디테일해지기 때문이다.

허접한 매뉴얼이 발판이 되어 더 좋은 매뉴얼이 만들어지며, 이러한 과정을 통해 만들어진 표준화된 매뉴얼은 업무 습득을 빠르게 하여 높은 생산성으로 이어진다. 특히 지출비용 가운데 가장 많은 비중을 차지하는 인건비는 매뉴얼을 통한 효율적 관리로 지출비용을 줄이고 매출을 증대시킬 수 있다.

그럼에도 불구하고 매뉴얼은 필요성은 당장 돈이 된다고 느끼지 못하기에 실천하기 어렵다.

스튜디오 경영 매뉴얼 2탄의 주제는 "생존(生存)"이다.

세계적인 경기 불황에 따른 시대의 변화로 인해 자영업의 생존율이 급격히 떨어지고 있다. 어설프게 대충 경영해서는 생존조차 어려운 시대이다. 이렇듯 빠르게 변화하는 세상에 적응하지 못하는 스튜디오에게 남는 것은 폐업뿐이다. 시장 환경의 빠른 변화는 적응하지 못한 이들에게는 재앙이다.

생존을 하려면 현실을 직시(直視)해야 한다. 직시는 정신을 집중하여 어떤 대상을 똑바로 보는 것이다. 사물를 직시해야 생존할 수 있다.

직시를 하려면 현실을 냉정하게 바라보고 현실을 정확하게 파악해야 한다. 여기에서 파악이란 어떤 대상이나 내용의 본질을 확실하게 이해하며 아는 것이다.

그리고 파악이 되었다면 변화(變化)를 해야 한다. 생각한 바를 실제로 행하는 것이 변화다. 이처럼 생존을 하려면 현실, 변화, 실천의 3놈을 굴복시키고 통제해야 한다. 현실, 변화, 실천을 하지 못하면 생존하기 어렵다.

첫 번째, "현실(現實)"이라는 놈을 제대로 파악하자.

막연한 현실은 우리의 눈을 흐리게 한다. 눈에 힘을 주고 초점을 똑바로 맞추고 제대로 보아야 놈의 실체를 볼 수 있다.

베이비, 가족사진은 무료시장이 지배를 하고 있다. 1장에서는 무료촬영의 문제점과 그동안 어떠한 움직임으로 시장이 형성되었는지 기술할 것이다. 그리고 2장에서는 가족사진과 증명사진에 대해 기술하였다.

3장에는 현실을 직시하기 위해 정보를 얻는 방법에 대해 기술하였다. 기재업체, 사진모임, 협회, 체인을 활용하고 정보를 얻는 방법에 대해 이야기한다. 이를 통해 현실을 직시하고 현실을 제대로 파악할 수 있을 것이다.

두 번째, 생존을 위해 "변화(變化)"를 해야 한다.

변화를 위해서는 생각부터 바뀌어야 한다. 성과나 결과의 차이는 생각의 차이에 달려 있기 때문이다.

만일 돈을 버는 사진을 하고 싶다면, 돈을 버는 사람의 사고는 어떠한지 알아야 한다. 생각의 차이를 파악해야 변화를 할 수 있다.

변화를 위해서는 사고방식을 바꾸어야 한다. 해오던 것만 하면 항상 같은 것만 얻을 뿐이다. 따라서 다른 결과를 내기 위해서는 다른 행동, 다른 사고를 해야만 한다. 망하는 사진가와 생존을 하는 사진가의 뇌구조는 다르다. 나에 대한 생각을 바꾸지 않으면 변화할 수 없다.

4장에서는 사진가들의 고정관념에 대해 기술하였다. 그리고 5장과 6장에서는 각각 고객에 대한 마음가짐과 경영자의 마음가짐에 대해 이야기하였다. 이를 통해 변화하는 시대에 적응하고 살아남길 바란다.

세 번째, 주제는 "실천(實踐)"이다.

현실과 변화를 굴복시켰다면 실천이라는 놈이 남았다. 대부분이 실천이라는 놈을 꺾지 못해 죽고 만다. 그러므로 실천이라는 놈을 꺾어 생존을 해야 한다.

실천을 꺾지 못하는 이유는 "다 알아" 병 때문이다. "다 알아" 하는 순간 실천이라는 놈은 영영 이길 수 없다. 아는 것이 중요한 게 아니고, 실천하는 것이 중요하다.

이러한 실천의 시작은 시간 관리에서부터 출발한다. 많은 이들이 시간이 돈이라는 인식을 하지 못한다. 시간관리는 실천이라는 놈을 꺾는 데 필수적이다.

실천에 도움이 될 수 있도록 8강에서는 실전 매뉴얼을 기술하였다. 전화 응대의 기본적인 내용을 매뉴얼로 만들어 보자.

그리고 9강에서는 타 스튜디오 견학을 다녀온 이야기를 기술하였다. 이를 위해 실제의 이야기를 가공하여 기술하였다.

본서는 생존하고자 하는 사진가들을 위한 책이다.

주변의 사진가들이 빠르게 사라지는 것에 대한 안타까움으로 쓴 것이다. 스튜디오를 운영하는 프로사진가와 새로운 스튜디오를 창업하는 신규 창업자에게 감히 당부 드린다.

사진가들이여 현실, 변화, 실천을 하여 생존하길 바란다.

− 2018년 4월 20일
한장훈

PART 1

현
실

현실을 파악하기 위해서는 시장 분석과 정보가 필요하다.

생존을 하려면 성공모델을 보고 주변 상황을 살펴야 한다. 어떤 행동과 생각이 돈을 버는지 현실을 보아야 한다. 만일 잘 못하는 것이 있다면, 남의 능력을 사 오면 된다. 마케팅 능력이 없으면 마케터를 고용하면 되고, 기술이 없으면 기술자를 고용하면 된다.

오너는 현실을 직시하는 데 힘을 써야 한다. 누가 잘하는지, 또 누가 망하는지 알아야 한다. 오너가 현실을 직시하는 능력이 생존과 직결된다. 이렇게 누가 잘하는지, 또 누가 망하는지 알려면 정보가 있어야 한다.

따라서 오너는 정보를 중요하게 생각해야 한다.

조조(曹操)는 인재를 얻기 위해서는 수단과 방법을 가리지 않았다. 삼국지의 유비(劉備)는 공명을 얻기 위해 삼고초려(三顧草廬)를 했다. 일본 전국시대(戰国時代) 통일의 기초를 닦은 오다 노부나가(織田信長)는 정보를 가져오는 장수를 더 우대하였다.

성공하는 오너는 정보에 돈을 쓰지만, 망하는 오너는 장비에 돈을 쓴다. 생존을 하기 위해서는 정보를 소중히 여겨야 한다. 술 한 잔에 정보를 사는 것이 얼마나 가치가 있을까? 정보를 얻으려면 발품을 팔고, 정보의 가치만큼 그 대가를 지불해야 한다.

정보를 대하는 태도도 중요하다.

어두운 현실을 극복하기 위해서는 핑계를 대거나 자기가 힘든 것만 이야기하면 안 된다. 어떻게 하면 되는지 직접 물어보아야 한다. 자신의 이야기만 한다면, 답을 주는 사람은 이야기하기 싫어진다.

과거와 현재를 보면 미래를 가늠할 수 있다. "현실(現實)"편에서는 스튜디오 업계의 과거와 현재를 보여 줄 것이다. 과거와 현재의 모습을 통해 현실을 파악하기 바란다.

1장

베이비성장앨범

성장앨범의 수익성

"○○경찰서는 아기사진 'S스튜디오' 대표 S씨를 특정경제범죄가중처벌 등에 관한 법률(사기, 업무상 배임) 위반 혐의로 구속했다. S씨는 ○○년 ○○월부터 ○○년 ○○월까지 임신부의 만삭 사진부터 아기의 출생, 성장 과정을 담는 앨범을 제작해 주겠다며 돈을 받고 나서 계약을 이행하지 않은 등의 혐의를 받고 있다."

최근 잊을 만하면 불거져 나오는 것이 "먹튀 스튜디오"이다. 아기의 추억을 담보로 하였다 하여 괘씸죄로 이미지도 좋지가 않다. 그렇다면 대체 먹튀를 하는 이유는 무엇일까?

돈이 없어서이다. 왜 돈이 없을까? 돈을 미리 받아서 써 버렸기 때문이다. 이처럼 돈을 미리 써 버린 이유는 수익성의 악화 때문이다. 임대료, 인건비, 마케팅 비용은 지속적으로 올라갔다. 반면, 출산율, 필요성, 객단가는 지속적으로 하락을 하였다. 즉, 수익성이 악화된 것이다. 세부적으로 원인을 분석해 보자.

임대료부터 살펴보자. 만삭, 50일의 무료촬영으로 공간이 더 필요해
져 확장을 하였다. 확장을 하니 자연스레 임대료가 올라간다. 게다가
공간이 넓어지면서 인테리어, 의상, 소품비용이 추가로 지출되었다.
무료촬영의 영향으로 인원이 더 필요해져 인건비도 상승한다.

무료촬영의 특성이 경쟁에서 비롯된 만큼 마케팅 비용은 지속적으로
늘어나게 되었다. 산부인과와 거래하기 위해 지출되는 비용이 늘어난
것이다. 만일 고정거래처인 산부인과가 없는 경우라면, 온라인 광고비
가 지속적으로 늘어난다. 포털 사이트에 광고해야 하기 때문이다.

이에 비해 출산율은 지속적으로 하락하였다. 취업이 어려워 결혼을
안 하니 출산율이 떨어질 수밖에 없다. 그나마도 경기가 어려우니 고가
의 성장앨범을 하지 않는다. 먹고살기 바쁜데 굳이 비싼 돈을 들여 성
장앨범을 할 이유도, 여유도 없는 것이다.

또, 성장앨범의 단가는 꾸준히 하락하고 있다. 경쟁이 치열해지면서
가격이 꾸준히 내려가고 있는 것이다. 거기에다가 대형 업체에서 꾸준

히 가격을 내리고 있는 원인도 크다. 이렇듯 마진율이 적어지니 어설프게 영업 관리를 하다가는 수익이 나지 않는다.

제목	산출기분	30건 기준의 예
1. 신규데이터	만삭, 50일, 100일, 돌(신생아, 중간촬영, 재촬영 제외)	30개×4개=120
2. 평일 1일 촬영량	전체 데이터÷2/1÷평일일수(한달기준 16일)	3.75건
3. 주말 1일 촬영량	전체 데이터÷2/1÷주말일수(한달기준 8일)	3.5건
4. 매장규모	신규건수×2	60평
5. 촬영인원	주말 기준으로 1인당 3~4건 촬영	3명
6. 전체인원	주말 기준건수÷2	4명
7. 매출기준	1인당 600만원	2400만원
8. 계약율(50%)	만삭신규 데이터기준의 50%(신규건수)	30건 추가
9. 계약율(30%)	만삭신규 데이터기준의 30%(신규건수×2)	60건 추가
10. 재촬열(33%)	백일, 돌 촬영의 재촬영33%	20건 추가

베이비스튜디오에서 수익을 내지 못하는 이유에 대해 알아보자. 상기의 표를 참조하길 바란다(상기의 표는 평균값을 나타낸 것임). 이는 스튜디오의 이익이 나지 않아서 필자가 현장에서 분석한 표준치이다.

1. 신규 데이터

성장앨범 한 권을 만들기 위해 최소 4번의 촬영을 해야 한다. 만삭, 50일, 100일, 돌 촬영이다. 신생아, 200일, 300일, 재촬영은 제외한 수치이다. 이 가운데 무료촬영인 만삭촬영과 50일 촬영이 문제이다. 30개의 성장앨범을 만들기 위해서는 120개의 촬영을 해야 하는 것이다.

2. 평일 1일 촬영량

전체 촬영 120개 중에서 평일에 50%를 소화한다. 60개를 평일에 촬영해야 하는 것이다. 한 달 기준으로 평일은 16일 근무, 즉 하루 평균 3.75건을 소화해야 한다.

3. 주말 1일 촬영량

토요일과 일요일은 한 달에 8번이다. 전체 120개 촬영 중 50%인 60개를 주말에 촬영해야 한다. 주말 하루 평균을 내 보면 7.5건인 것이다.

4. 매장 규모

매장 규모는 신규 계약건수(성장앨범 30건)의 2배이다. 고객 기준의 서비스를 위해서는 필요한 공간 면적이다. 베이비스튜디오에서 매장의 규모가 작으면 고객서비스가 약해진다. 반면 공간이 커지면 단순하게 임대료만 상승되는 것이 아니다. 공간에 비례하여 인테리어, 인건비 등 부대비용이 동반 상승된다.

5. 촬영 인원

촬영 인원은 주말 기준으로 산출한다. 주말 하루 평균 7.5건이다. 포토그래퍼 한 명당 3건에서 4건을 촬영해야 한다.

6. 전체 인원

전체 인원은 주말 기준으로 4명이다. 상담인력과 아기를 다루는 보조촬영자(어씨) 가 필요한 것이다. 주말에는 촬영자만 필요한 것이 아니라, 고객에게 서비스하고 응대하는 인력도 필요하다. 여기서 스튜디오의 고민이 많다. 주말에 고객이 많기 때문에 주말 위주의 인력 배치를 할 수밖에 없기 때문이다.

경영을 잘하는 오너는 경력자와 비경력자가 하는 업무를 정확히 구분한다. 이렇게 업무를 구분하는 데는 매뉴얼이 필수적이다. 비경력자의 업무는 주로 알바생으로 충당하는 것이 좋다.

알바로는 주부사원이 많은 장점을 가지고 있다. 단, 주부사원은 자녀들이 있기에 하루 종일 근무는 어렵다는 단점이 있으므로 시간을 나누어서 알바를 운용하는 것이 좋다. 주부사원은 아이를 키워 본 경험이 있을 뿐만 아니라, 책임감 또한 젊은 알바생보다 좋다.

7. 매출 기준

1인당 600만 원으로 산출을 하였다. 직원 1인당 600만 원 매출은 과거에는 이익이 남았다. 그러나 현재 직원 1인당 600만 원 매출은 기본 운영비용이 되었다. 시간이 지날수록 수익률이 떨어지기 때문이다. 따라서 지금은 1인당 800만 원으로 잡아야 이익이 발생되는 구조이다.

8. 계약률 50%

서비스가 좋고 잘한다는 스튜디오는 계약률 80% 이상이다. 계약률은 생산성과 연관이 많다. 계약률이 낮으면 많은 촬영을 하여 스튜디오에 무리가 가는데, 이는 서비스가 원활하지 않음을 의미한다. 서비스가 원활하지 못하면 고객과 직원이 지친다. 직원들은 업무가 많아져 불만이고, 고객은 대기시간이 길어져 불만이 많아진다.

9. 계약률 30%

계약률이 30%가 되면 정말 끔직한 결과가 되어 간다. 30% 이하로 되면 경영의 심각한 위기가 찾아온다. 소규모 스튜디오는 상관없지만, 대규모 스튜디오는 심각해진다.

10. 재촬영 33%

아기가 울면 대책이 없다. 그렇다면 재촬영의 비용은 얼마나 될까? 뒷부분에서 자세히 설명하겠지만, 인건비를 계산하면 엄청난 금액이 산출된다. 재촬영을 함으로써, 부가적인 일이 늘어나기 때문이다. 기본적으로 스케줄 점검에, 차 한 잔 더 타야 한다. 간단한 사항만 보아도 시간과 비용이 많이 늘어난다.

신규건수 (예, 50일, 100일, 돌)	평일 (16일)	주말 (8일)	매장 규모	촬영 인원	전체 인력	매출 (인당 600만)	계약율 50%	계약율 33%	재촬영 33%
30개×4개=120	3.75	7.5	60평	3	4명	2400만	30건	60건	20건
40개×4개=160	5	10	80평	3.5	5명	3000만	40건	80건	27건
50개×4개=200	6.25	12.5	100평	4	7명	4200만	50건	100건	34건
60개×4개=280	7.5	15	120편	5	8명	4800만	60건	120건	40건
70개×4개=280	8.75	75.5	140평	6	9명	5400만	70건	140건	47건
80개×4개=320	10	20	160평	7	10명	6000만	80건	160건	54건
90개×4개=360	11.25	22.5	180평	7.5	11명	6600만	90건	180건	60건
100개×4개=400	12.5	25	200평	8	13명	7800만	100건	200건	67건
110개×4개=440	13.75	27.5	220평	9	14명	8400만	110건	220건	74건
120개×4개=480	15	30	240평	10	15명	9000만	120건	240건	80건
130개×4개=520	16.2	33	260평	11명	16명	9600만	130간	260건	87건

상기의 표를 보며 규모별로 지출비용과 이익금이 얼마인지 체크해 보자. 70건의 성장앨범을 하는 스튜디오를 예를 들겠다. 월 촬영양은 280개, 평일 8.75개, 주말 17.5개이다. 매장 규모는 140평이다. 촬영 인원은 6명, 전체 인력은 9명이 필요하다. 매출은 인당 600만 원 잡아서 5,400만 원이 되어야 본전이다.

문제는 계약률이 절반 이상 떨어지고 재촬영이 늘어나면 월 400건을 촬영해야 한다는 점이다. 이에 따라 매장 규모는 140에서 200평으로 늘어난다. 인원도 9명에서 13명으로 늘어난다.

즉, 100개의 성장앨범을 계약하는 스튜디오처럼 경영을 해야 한다. 실제 운영비용은 400개를 촬영하는 스튜디오와 같게 된다는 것이다. 수치를 보면 알겠지만, 규모 시설 인력이 대폭적으로 늘어나게 된다.

그렇다면 이익은 어디에서 날까? 철저한 계약률 관리와 재촬영이 없어야 이익이 생기는 것이다.

베이비스튜디오를 하면 고객은 많이 온다. 주변에서는 주차장에 차들이 자주 왔다 갔다 하니 영업이 잘되는 줄 안다. 물론, 계약률이 높고 재촬영이 없는 곳은 돈을 번다. 오너가 경영관리를 철저하게 하는 곳이다. 인력, 시스템, 사진품질 등을 관리하기 위해 피나는 노력을 하는 곳만이 돈을 번다.

성장앨범의 원가는 인건비이다. 성장앨범 1권에 100만 원을 못 받는다면 심각한 경영난에 빠지기 쉽다. 이러한 경영난에서 벗어나려면 단일 상품을 팔아야 한다. 많은 오너들이 바보라서 단일 상품을 팔지 못하는 것일까? 경영을 하는 입장이 필자보다 더 정확히 알 것이다.

앞부분에도 설명을 하였지만, 포기 못하는 속사정이 있다. 돈을 미리 받는 구조인 성장앨범을 포기한다면 자금 회전에 문제가 생기기 때문이다. 그만큼 상당수의 스튜디오가 퇴직금, 재료비 등을 비축하는 충당금을 준비할 만한 여력이 없다는 것이다.

월 30건의 성장앨범을 한다면 남아 있는 고객의 수는 통상 6개월분이다. 월 30건 계약의 스튜디오는 180명의 고객을 관리해야 하는 것이다.

만약 성장앨범을 그만두고 단일상품스튜디오로 전환을 하려면 비용이 들어간다. 위에서 설명했듯, 월 30건 계약하는 스튜디오 기준으로 6개월분의 고객 180명. 인건비, 재료비, 운영비 등 1권에 들어가는 비용은 50만 원이다. 50만 원에 180명을 곱하면 9천만 원이다. 정리하고 싶어도 뒤처리 비용이 엄청나다.

게다가 인건비, 재료비, 운영비는 시간이 지날수록 내려가지 않는다. 그래서 성장앨범은 시작하는 것보다 끝내기가 더 무서운 일이다. 성장앨범을 하는 베이비스튜디오의 불편한 진실이다.

성장앨범의 역사

현재 어려워진 베이비 시장의 원인을 찾기 위해 성장앨범의 탄생 과정을 살펴보겠다.

1990년대(아날로그 시대) 후반, C라는 스튜디오 모임이 있었다. C모임은 베이비를 전문적으로 하는 스튜디오 대표들의 모임이다. 같이 소품도 개발하고 연구도 하는 열정이 가득한 모임이었다.

회원 중 한 명의 아이디어로 병원을 거래를 하게 된다. 초기에는 병원의 신생아 사진만 촬영하고, 백일 전에 우편물을 보내서 백일 촬영을 홍보하였다.

그런데 백일 때 온 손님이 돌 때는 오질 않았다. 그 이유를 분석해 보니, 고객은 똑같는 느낌의 사진을 싫어했다. 수익을 내야 하는 스튜디오 입장에서는 당연히 백일과 돌을 다 찍어야 했다. 그래서 나온 것이 성장앨범이다.

초기 앨범의 형태는 지금처럼 제본 형식이 아닌, 사진을 부착하는 방식이었다. 사진을 출력해서 코팅을 하고 양면테이프를 붙이는 것이다. 백일에는 앨범의 절반만 채우고 나머지는 돌 때 채우는 방식이어서 분납으로 돈을 받았다.

시간이 지나면서 파벌이 생기고 모임이 분리되면서 P체인과 L체인이 생겨난다. 모임이 아닌 가맹 형태의 체인이 생기게 된 것이다. 그리고 병원과 조리원의 영업이 되면서 경쟁이 생긴다.

P체인은 만삭, 신생아, 50일 촬영을 흑백으로 하여 앨범을 만들어 주었다. 이에 반해 L체인은 신생아 사진만 찍어 주던 형태에서 한 단계 나아가 신생아 동영상을 촬영해 준다.

2000년 초반에 L체인은 병원 영업을 하는 소스를 가지고 사진가를 모집하였다. 초기에는 세트를 팔 목적으로 출발하였으나, 시간이 지나면서 상호가 3번 바뀐 후 L체인이 2005년에 탄생한다.

전국의 베이비사진가들이 L체인이 주최한 세미나에 모여들었고, 한때는 400명 가까운 인원이 모여들 정도였다. L체인은 영업맨과 손을 잡고 병원 영업을 하여 스튜디오에 연결해 주는 것을 핵심 사업으로 하였다. 많은 사진가들이 병원과 거래하기 위해 치열한 경쟁을 한 시기였다.

이러한 L체인은 부작용도 많았지만 긍정적인 측면도 있었다. 기존의 영업방식을 구축한 사진가들에게는 재앙이었으나, 새로운 노력을 하고자 하는 사진가에게는 축복이었다.

L체인은 교육을 강화했다. 15명 정도의 인원이 빌라 형식의 개인주택에서 1박2일 코스로 교육을 받았다. 지금도 그때 교육이 좋았다고 말하는 사진가들이 많다.

모든 것이 비약적으로 커지면서 긍정적인 측면은 고용 창출로 이어졌다. 스튜디오의 규모가 커진 것이다. 작다는 스튜디오가 30평 내외였는데, 병원과 거래하면서 100평대 스튜디오가 생겨났다. 이렇게 규모가 커지자, 인력의 수요가 많아졌다. 이에 따라 스튜디오를 상대로 하는 기재업(액자 · 앨범 · 현상소)과 인테리어(의상 · 소품)의 활성화가 이루어졌다.

문제는 성장앨범의 초창기에도 돈을 벌지 못한 사람이 꽤 많았다는 점이다. 2005년도에는 병원, 조리원 거래처만 있으면 사업이 잘될 거라는 막연한 환상을 가진 오너들이 있었다.

그러나 병원과 거래한다고 해서 무조건 계약을 하는 시스템이 아니었다. 만삭사진, 신생아사진, 50일사진은 무료이지, 돈을 주고 계약하는 것은 아니었다. 결국 고객의 마음을 훔치는 스튜디오만이 계약을 할 수 있었다. 사진 품질이 떨어지고, 고객 데이터를 분실하고, 상담이 제대로 이루어지지 않는 스튜디오는 이익을 내지 못했다.

2000년대(온라인시대) 중후반에 병원을 거래하지 않고도 승승장구한 영업 형태가 있었다. 온라인으로 승부를 내던 스튜디오는 자존심 때문에 무료촬영을 하지 않았다. 이들은 개인주택을 개조하여 운영하면서 고객의 큰 호응을 얻었다. 품질에 자신이 있었고, 온라인으로 고객이 인정하여 찾아왔기 때문이다.

온라인 스튜디오는 네이버 카페를 기반으로 하여 색다른 사진으로 고객에게 어필하였다. 이렇듯 2000년대 중반에는 온라인 스튜디오가 대세였다.

	병 원	노 력	경쟁업체
거래처	●	△	✕
온라인	✕	△	✕

하지만 2년 정도 시간이 지나자, 역전하기 시작하였다. 그 원인을 살펴보겠다. 거래처스튜디오에서는 고객의 30%가 병원을 통해 유입된다. 병원의 신뢰도 때문에 30%는 무조건 계약을 한다. 노력에 의해 30~40%는 계약의 여지가 있는 것이다. 나머지 30%는 어차피 타 스튜디오로 가게 된다. 무료촬영 내방고객의 30%에서 70%까지 계약을 하게 되는 것이다.

반면, 온라인 스튜디오는 병원에 30%를 뺏기고, 30%의 고객은 타 스튜디오로 가게 된다. 결국 노력을 통해 수치상 0~40%의 고객을 확보하는 것이었다.

고정 거래처를 통한 거래처스튜디오가 재력이 생기자, 시설과 규모가 좋아지면서 온라인 스튜디오를 추월하였다. 시설이 좋아진 하우스 형태의 스튜디오로 이전하거나 시설 인테리어가 좋아지면서 사진 퀄리티도 덩달아 좋아졌다.

온라인 스튜디오는 생존을 위해 병원을 잡기 시작했다. 문제는 병원 쟁탈전이 일어났다는 것이다. 이미 가지고 있는 자의 것을 빼앗으려면 더 좋은 조건으로 거래를 해야 했다. 이에 따라 병원의 몸값은 갈수록 올라갔다.

2015년 이후에는 앞서 이야기한 출산율 하락과 필요성, 객단가의 하락 등의 이유로 수익이 나지 않는 스튜디오가 많이 생겨난다. 그렇다면 2018년 현재 베이비포토스튜디오의 상황은 어떠할까? 현재 베이비스튜디오는 성장앨범을 파는 곳이 주류를 이룬다.

앞에서 분석을 하였듯이 성장앨범을 하는 상당수의 스튜디오가 수익성이 나지 않는다. 이익을 내는 스튜디오는 전체에서 20% 정도, 30%

는 현상 유지를 하고 있다. 나머지 50%는 이익이 나는 구조가 아니다. 그렇다면 나머지 50%는 왜 성장앨범을 하고 있을까? 규모가 크다고 해서 이익이 나는 걸까?

베이비스튜디오를 하는 사진가 입장에서는 베이비를 많이 촬영하는 것이 목적일 것이다. 아기엄마가 많이 모여 있고, 병원이라는 특수성 때문에 병원과 거래한다는 것은 큰 매력이다. 그럼에도 2005년 당시에 수익을 내지 못했던 이유는 무엇일까? 갑자기 스튜디오가 커지면서 관리가 되지 않았기 때문이다.

첫 번째는 업무량이 많아졌다. 만삭, 신생아, 50일 촬영이 새롭게 생겨난 것이다. 두 번째는 인력 부족이다. 업무량과 비례해서 갑자기 많은 인력이 필요해졌다. 세 번째는 더 넓은 공간의 필요성이다. 업무량이 많아지니 당연히 수용공간이 부족했던 것이다.

업무량으로 인한 인원의 부족은 고객 관리의 소홀함과 부실한 서비스로 이어졌다. 이에 따라 인력을 늘리고 시설을 확장하자, 경영난이 생겨났다.

2005년 초기 성장앨범 평균가격은 100만 원이 넘었다. 2012년 기점으로 성장앨범의 평균 가격은 100만 원 내외가 된다. 그리고 2018년 현재 성장앨범의 평균 가격은 100만 원 이하로 떨어졌다.

2005년도에는 성장앨범 가격이 좋았기 때문에 상대적으로 망하는 스튜디오가 적었다. 그러나 병원과 거래하지 않고 온라인 광고를 하는 스튜디오가 2010년이 넘어가자 점점 어려워졌다. 결국, 온라인 광고를 하는 스튜디오도 병원을 잡기 위한 경쟁을 시작하였다.

이에 따라 병원과 거래하기 위해 많은 비용을 투자하는 스튜디오가 생겨났다. 그리고 병원과 거래하느라 마케팅비용, 시설비용을 견디지 못하고 망하는 스튜디오도 생겨났다. 직원 관리의 부실과 낮은 계약률로 인하여 경영난을 겪은 스튜디오도 생기게 된다.

베이비 마케팅에는 병원영업, 온라인영업, 육아교실영업의 3가지 방법이 있다. 과거에는 이 중 한 가지만 잘해도 되었지만, 지금은 3가지를 다 잘해야 되는 상황이다.

온라인 영업은 오버추어 광고의 효력이 약해지면서 위력을 많이 상실했다. 블로그로 인한 고객의 유입률은 그리 높지가 않다.

육아박람회와 육아교실은 초창기에는 좋았다. 역시 이것도 좋다는 평이 돌자, 경쟁이 치열해져 비용이 증가되었다.

그리고 인건비, 임대료, 마케팅 비용은 꾸준히 올라간다. 이에 반해 출산율, 성장앨범에 대한 필요성, 성장앨범의 단가는 꾸준히 내려가고 있다. 즉, 수익률은 계속 악화가 되고 있는 것이다.

수익이 나려면 과거처럼 성장앨범을 하지 않아야 한다. 수익이 나지 않는다면 성장앨범을 포기하고 단일 상품으로 전환하면 된다. 그런데, 쉽게 전환하지 못하는 스튜디오가 대부분이다. 수익이 나지 않는데도 기존의 영업방식을 고수하는 이유는 무엇일까? 머리가 나빠서일까?

이유는 간단하다. 성장앨범은 고객과 1년 계약이기 때문에 뒤처리가 어렵다. 어렵다는 것은 돈이 없다는 것이다. 돈을 미리 받는 형태이기 때문에 꾸준히 돈이 들어와야 한다.

위험한 저글링을 하듯 돈을 돌려 막는 곳이 의외로 많다. 카드 돌려 막기처럼 자금을 돌리는 곳이 50%가 넘는 것으로 추정된다. 가끔 언론에 나오는 먹튀 스튜디오는 이렇게 생겨났다. 사진가들의 욕심으로 시작한 성장앨범이 상당수의 사진가들의 목을 겨누는 칼이 된 것이다.

남들이 하니까 한다는 식의 경영의 시대는 이제 갔다. 정보를 수집하고 철저하게 준비한 사진가들이 살아남는 시대가 도래한 것이다.

생존 제안

성장앨범은 철두철미한 관리와 서비스를 잘하는 스튜디오만이 이익을 낼 수 있다. 그런데 시간이 지날수록 이익이 나더라도 큰 이익이 나지 않을 수 있다. 다음의 예제를 참조하여 설명하겠다.

성장앨범이 100만 원을 받는 스튜디오가 있다. 성장앨범을 100개 계약하면 월 400개의 촬영을 해야 한다. 물론, 100% 계약을 하고 재촬영이 없다는 가정에서의 수치이다.

인건비는 평균 200만 원이고, 월 100개의 촬영량을 소화하려면 15명이 근무해야 한다. 이렇게 인건비로 3,000만 원이 지출된다. 그리고 1권의 성장앨범에 재료지의 지출은 30만 원이다. 30만 원에 100권이니 월 3,000만 원이 지출된다. 또, 월세는 서울 수도권 지역의 전원주택형 스튜디오 임대료를 기준으로 1,000만 원이다.

이를 종합하여 살펴보면, 인건비 3,000만 원, 재료비 3,000만 원, 월세 1,000만 원, 총 지출은 7,000만 원이다.

100만 원짜리 100권을 팔면 매출은 1억 원이다. 이익금은 3,000만 원이다.

구분	성장앨범	단상품
상품객단가	100만원	30만원
촬영갯수	성장100개×4=400개	200개
월매출	매출 1억원	매출 6천만원
인건비	15명×200만=3천만원	7명×200만=1천4백만원
재료비	재료비 3천만원	1천만원
월세	1천만원	1천만원
지출비용	7천만원	3천 4백만원
이익금	3천만원	2천 6백만원

그렇다면 이번에는 100만 원짜리 상품을 30만 원의 단일상품으로 전환한다고 가정해 보자. 백일 100권, 돌 100권을 촬영한다면 월 200건의 촬영을 해야 한다. 6,000만 원의 매출이 발생된다.

200건을 촬영하려면 7명의 인력이 필요하다. 인건비는 평균 200만 원으로 가정했을 때 1,400만 원이다. 재료비는 1건당 5만 원에 200권의 단일앨범비용으로 월 1,000만 원이 지출된다. 그리고 월세는 그대로 1,000만 원이라고 가정한다면, 총지출비용은 3,400만 원, 이익금은 2,600만 원이 된다.

성장앨범에서 단일상품으로 전환을 했을 때 장단점을 살펴보자. 성장앨범을 했을 때, 이익은 400만 원이 더 발생했다. 하지만, 다음의 세 가지를 염두에 두어야 한다.

첫 번째, 시장에서 성장앨범의 단가가 100만 원이 무너지지 않았을 때의 경우이다. 시장에서 평균가격이 100만 원으로 유지되어야 이익이 발생이 된다. 인건비의 증가는 지출비용의 과다로 이어진다. 인원을 많이 썼을 때의 인력의 수급과 관리의 어려움을 생각해야 한다.

두 번째, 인테리어 · 의상 · 소품 · 마케팅 비용이 많이 들어간다. 단일 상품을 할 때보다 지출은 확실히 많이 들어간다. 성장앨범을 운영하다 보면 규모도 커지기 때문에 인테리어 비용과 의상 소품을 많이 채워야 한다. 아울러 큰 평수가 필요하니 임대료도 많이 올라간다.

세 번째, 스트레스를 많이 받는다. 세상에는 공짜가 없다. 성장앨범을 계약한 고객의 입장에서는 큰돈을 쓴 것이다. 당연히 서비스와 제품의 품질을 기대하게 마련이다. 이에 따라 스튜디오 입장에서는 정신노동의 지수가 올라간다. 즉, 스트레스를 받을 확률이 크다.

성장앨범 운영과 단 앨범 운영의 2가지의 비유는 상징적으로 간단하게 분석한 것이다. 상품을 변경했을 때의 수익률을 철저하게 분석해 보자. 성장앨범보다는 단일 상품을 기획하자. 폼 잡지 말고, 실소득을 내는 데 중점을 두자. 스튜디오는 수익을 내기 위해 존재하는 것 아닐까?

2장

가족사진촬영권

무료가족사진

가족사진도 베이비사진과 마찬가지로 무료촬영으로 영위를 하는 스튜디오가 상당수다. 현재 11인치 가족사진을 무료로 촬영해 주고 추가를 받는 형태가 주류를 이룬다. 문제는 소비자들이 과거처럼 돈을 쓰지 않는다는 것이다. 사진관을 가면 추가해야 한다는 것을, 고객이 이미 알고 있기 때문이다.

지금의 가족사진 스튜디오의 생존 비결은 무엇일까? 사진을 잘 찍는 스튜디오? 아니면 서비스를 잘하는 스튜디오? 결론은 의상과 메이크업이다.

여성들은 의상과 메이크업이 안 되어 있으면 사진 촬영을 거부한다. 사진가들의 배우자나 가족들에게 물어보라. 내 남편, 우리 가족이 사진을 잘 찍는다는 건 알지만, 의상과 메이크업 없이는 촬영하지 않는다.

가족사진 스튜디오로 성공을 하려면 3가지가 필요하다. 바로 마케팅, 시설, 서비스이다. 최근 베이비 시장이 어려워지자, 가족사진으로 전환하고 싶어 하는 스튜디오가 많아졌다. 풀빵을 굽는 것도 노하우가 있고, 비록 쉬워 보이는 일일지라도 노하우가 있다. 같은 사진을 촬영하는 것 같지만 수익을 내는 과정에서는 판이하게 다르다. 준비를 해야 하는 부분도 확연히 다르다.

베이비스튜디오나 웨딩스튜디오에서 가족사진을 하는 경우가 많다. 부가적인 수익을 내기 위해서 준비를 하면 성과가 나지 않는다. 성과를 내기 위해서는 철저한 준비가 필요하다. 베이비를 하다가 가족사진을 해 보겠다고 시작한 막연한 스튜디오의 예를 들어 보겠다.

야심차게 홍보를 하고 드디어 고객이 왔다. 시간에 맞추어 왔으면 좋으련만 2개의 스케줄이 겹쳐 버렸다. 설상가상으로 우는 아이 때문에 백일사진 고객이 남아 있었다. 앞선 고객의 가족 중 아들이 늦게 온 것이다. 4명씩 2집의 가족이 왔다 갔다 하니 스튜디오는 마비되었다.

"의상을 어디서 갈아입어야 하나요?"

"시간이 없어요. 빨리 찍어 주세요!"

이처럼 제대로 된 서비스가 이뤄지지 않는 상황에서는 기대하던 매출이 나올 수 없다. 가족사진을 찍기 위해서는 공간 또는 시간을 분리해야 한다. 상기와 같이 베이비나 웨딩을 하는 스튜디오는 고객이 겹치지 않게 하는 것이 중요하다.

예를 들면, 매주 금요일, 토요일, 일요일 오후 4시부터 7시까지는 가족촬영을 하는 것이다. 이렇게 시간을 분리함으로써 고객을 분리시킬 수 있다. 또, 공간 분리가 가능하다면 가족전용 촬영실과 베이비 촬영실을 분리해야 한다.

고객 대기 공간은 더 중요하다. 한 가족당 4명씩 2가족이 오면 총 8명이다. 8명의 성인이 대기할 수 있는 공간이 필요한 것이다.

가족사진 활성화를 위해서는 마케팅이 활성화되어야 한다. 마케팅 방법에는 체인가맹, 브로커의 활용, 온라인 마케팅이 있다. 온라인 마케팅은 2018년 현재 블로그가 가장 잘 노출된다. 페이스북과 인스타그램은 차세대 마케팅으로 부상할 가능성이 높다.

한 가지 마케팅만 잘해서는 생존하기가 어렵다. 베이비도 고정거래처(병원,조리원), 육아박람회, 온라인 마케팅을 다 활용해야 된다. 양질의 정보를 가지고 마케팅에 접목을 하는 스튜디오가 성공할 확률이 높다.

이러한 양질의 정보는 사람에게서 나온다. 따라서 모임, 체인 등을 통해 어떠한 사진가들이 수익을 올리고 있는지 알아야 한다.

그다음으로 중요한 것은 고객의 성향을 정확하게 파악하는 것이다. 고객들은 무료촬영에서 추가로 돈을 써야 한다는 것을 알고 있다. 즉, 무료가 아닌 것을 알고 온다는 것이다. 고객들은 가족사진 촬영을 하면서 단체티를 맞추어 오는 경우가 많다. 스튜디오에서는 촬영만 잘할 것이 아니라 의상도 준비해야 한다.

사진 값을 추가로 받는 것은 상대적으로 어려운 일이다. 그러나 의상, 메이크업은 고객들의 저항이 덜하다. 그러므로 스튜디오 사모님들은 가급적 메이크업 자격증을 획득하면 유리하다. 실제로 의상을 대여해 주고 메이크업을 하는 비용이 매출 향상에 도움이 되기 때문이다.

의상, 메이크업이 확보되었다면 서비스와 시설이 중요하다. 중요도에 대해 정리하자면, 의상, 메이크업, 서비스, 시설, 촬영기술 순으로 중요하다고 할 수 있다.

서비스는 전화 응대에서부터 시작된다. 전화 응대는 상담보다도 중요하다. 따라서 전화 응대 시 고객이 물어보는 것에 성실히 답변해야 한다. 과거처럼 일단 스튜디오에 오라고 하는 것이 중요한 것이 아니다. 특히 가격을 물어보는데 엉뚱한 이야기를 많이 하는 경우가 많다. 고객이 가격을 물어본다면 정확하게 이야기해 주어야 한다.

전화 응대를 잘하기 위해서는 매뉴얼과 인간적인 소통이 필요하다. 매뉴얼은 상품 안내와 이용 안내에 대한 기본 정보를 전달하는 것이 주 목적이다.

매뉴얼이 준비되었다면, 그다음은 소통이다. 모든 일은 인간이 하는 일이다. 전화상이지만 고객과의 일상적인 이야기나 마음을 공감할 수 있는 이야기를 해야 한다. 간혹 말을 잘 못한다고 하는 사진가들이 있다. 단언컨대, 말을 못하는 것이 아니라 노력이 부족한 것이다.

감성이 부족한 사람은 말을 잘 못한다. 감성이 없는 사람은 아름다운 사진을 만들어 내지 못한다. 내가 해야 할 이야기를 정리하고 연구해 보라. 연습도 하지 않으면서 말을 못한다는 것은 거짓말이다.

잘하는 사람의 대화를 녹음하고 기록을 하라. 대본을 쓰듯 기록하고 연습하고 전화를 받을 때는 대본을 보고 통화를 해라. 처음에는 대본을 보겠지만, 나중에는 술술 말이 잘 나올 것이다.

무료사진의 역사

가족사진 마케팅의 역사를 간단히 살펴보자. 1990년대 말, P체인이 가족사진 촬영권을 기업체에 판매하였다. 11인치 사이즈는 무료로 하고, 16인치와 20인치는 기업체에 판매한 것이다.

체인사에는 정직원이 아닌 용역을 하는 사람이 있었다. 이들은 촬영 쿠폰(가족사진 촬영권)을 기업이나 회사에 판매하고 일정 금액의 수수료를 수익모델로 삼았다. 이 가운데 지금까지 일부 활동하는 사람도 있다.

그런데 1990년대 말에 또 하나의 사건이 일어난다. 우유를 먹으면 11인치 사이즈의 가족사진 촬영권을 배포하는 업체가 생겨난 것이다. 우유회사와 연결해 주는 브로커(일종의 밴더사)가 그들이다. 고객당 1,000원의 액자값을 미리 지원해 주는 형태로 이루어졌다. 이렇게 1990년대에 가족사진 촬영 마케팅은 체인사와 우유쿠폰의 형태로 진행되었다.

2000년대에는 베이비 시장이 활성화되어서 가족사진 시장이 상대적으로 크지 않았다. 그러던 것이 2010년대(디지털시대)에 들어서면서 베이비 시장의 수익성이 없어지자, 가족사진으로 몰리는 상황이 펼쳐졌다.

가족사진 활성화 스튜디오의 상당수가 체인 가맹을 하고 있다. 그 체인의 상당수가 11인치 사이즈의 무료 인화권 영업을 하고 있다. 가족사진 체인 가맹을 하나만 하는 경우는 별로 없고, 대부분 3군데 이상을 거래한다. 그런데 체인마다 영업이 활성화되는 곳이 다르다. 언제 영업이 활성화될지 모르는 것이다. 그래서 스튜디오 입장에서는 가급적 모든 체인을 다 한다.

문제는 체인을 많이 가맹한 경우, 그만큼 많은 비용이 든다는 것이다. 여러 군데의 체인에 들어가는 월회비와 인쇄비용이 많은 비중을 차지한다.

개별적으로 영업을 해 주는 브로커도 있다. 체인이 아니고 개별로 움직이는 사람인데, 신뢰성이 떨어지는 경우도 있다. 촬영쿠폰의 배포가 정확히 이루어지지 않는 경우이다.

증명사진 이야기

1990년대 입시학원에 쿠폰을 뿌리는 스튜디오가 있었다. 학원가를 대상으로 영업해 스튜디오에 불러들이는 형태였다. 2000년대 초까지 학원에 쿠폰을 뿌리는 영업으로 상당한 효과를 본 스튜디오가 많다. 잘 되는 곳은 줄을 세워 놓고 촬영을 하였다. 사진만 자르는 직원, 촬영만 하는 직원, 수정만 하는 직원, 줄 세우는 직원이 각각 전담으로 일을 맡아 하였다. 인테리어를 정기적으로 바꾼다거나 재투자할 것이 별로 없는 스튜디오 형태였다.

증명사진만 잘 찍어도 먹고 산다. 스튜디오에서 기본 중의 기본은 단연 증명사진이다. 그런데 제일 쉬울 것 같지만 제일 어려운 것이 증명사진이다. 제대로 하려면 인상학, 골격학, 포토샵, 라이팅 등 배울 것이 많다. 증명사진을 잘 찍으면 가족사진이 들어온다. 고객에게 기술력을 인정받는 효과가 있는 것이다.

사진스튜디오를 운영하다가 식당을 하는 ○○대표는 다음과 같이 말한다.

"증명사진이 하루 10개만 되어도 식당을 안 했을 겁니다."

증명사진은 입소문을 타고 3년만 영업을 잘하면 먹고사는 데는 지장이 없다. 잘 찍는다는 이미지가 각인되면 이사를 가서도 다시 찾아오는 경우가 많다.

학생들이 많이 모이는 번화가에는 증명전문점이 많다. 수도권 중 대표적인 곳은 신촌, 건대입구 등으로, 대학이 있는 곳에 취업사진 전문 스튜디오가 많다.

단점은 창업비용이 많이 들어간다는 점이다. 권리금만 1억이 되는 곳이 많고, 보증금에 인테리어까지 하면 창업비용은 1억5천만 원이 넘어간다.

대학 근처 말고도, 여권을 발급하는 관공서와 운전면허 시험장 앞에는 여권, 증명사진만으로 매출이 상당한 곳도 많다.

2010년대에 들어서면서 전문화된 증명사진의 체인이 많이 생겼다. 전에도 있었으나 이 시기에 체인이 활성화되었다. 증명전문 체인은 온라인 광고를 공동으로 진행한다. 고객과 1:1로 수정을 하고 의상과 메이크업을 한다. 취업준비생이 많이 이용하는데, 스튜디오에 몸만 오면 모든 것이 해결이 된다.

증명사진의 배경이 단색이라는 점에 착안하여 다양한 배경색으로 고객에게 어필하는 스튜디오도 있다. 증명사진은 단순하게 서류에 들어

갈 사진만을 의미하는 것이 아니다. 개인의 개성을 표현할 수 있는 다양한 사진 스타일을 고객들이 원하고 있다. 바로, 증명사진의 연장선이라 할 수 있는 프로필이다. 프로필은 이제 더 이상 전문직이나 젊은 사람만의 소유물이 아니다.

프로사진가는 사진 실력, 의상, 메이크업, 고객과의 소통으로 무장하면 비전이 있다. 남들과는 차별화된 색다른 사진을 만들기 위해 공부한다면 좋은 결과가 나올 것이다.

3장

정보는 현실이다

사진관에 필요한 정보 얻는 법

스튜디오를 운영하려면 많은 것을 알아야 한다. 단순하게 사진기술만 가지고는 운영할 수 없다. 사업을 잘하기 위해서는 정보가 필요하다. 정보는 사람에게서 나온다. 국가, 기업, 개인도 정보를 많이 가진 쪽이 승리하듯, 스튜디오도 정보를 많이 가지고 있는 쪽이 승리한다.

지방에 위치한 스튜디오의 경우, 수도권의 정보를 교류하는 스튜디오가 성공하는 경우가 많다. 성공하는 스튜디오의 대부분이 수도권과 교류한다고 해도 과언이 아니다. 이를 위해 이번 장에서는 사진관에서 필요한 정보를 얻는 방법을 소개하고자 한다. 세미나, 기재업체, 사진협회, 모임, 체인, 컨설팅 순으로 설명하겠다.

여기에서 온라인 정보를 다루지 않는 것은 급이 가장 낮은 정보이기 때문이다. 정보를 사람의 육성언어와 텍스트로 표현하는 것에는 한계가 있다. 표정이나 보디랭귀지 등이 함께 어우러져야 힘 있는 정보가 되는 것이다. 따라서 중고물품을 팔거나 사는 경우에는 온라인 정보가 유리할지 모르지만, 양질의 정보를 없을 수 없어 경영에는 도움이 안 된다.

더욱 안타까운 것은 창업비용은 몇 천만 혹은 원 억 단위를 투자 하면서, 인맥 구축에는 소홀하다는 것이다. 결코 온라인 정보를 무시하라는 것이 아니다. 사람을 만나 완성을 시켜야 한다.

무료 정보

먼저 무료로 얻을 수 있는 정보인 세미나와 기재업체에 대해 다루어 보고자 한다.

1. 세미나

프로사진가에게 유용한 정보를 얻는 무료 세미나는 크게 2군데이다. 무료로 진행되는 세미나는 대한영상사진신문, 사진기재전(P&I)이다.

먼저, 대한영상사진신문에서는 매년 기재업체와 협력으로 세미나를 진행하고 있다. 홈페이지나 영사신문 구독을 통해 세미나 일정을 알 수 있다.

그리고 사진기재전(P&I)은 매년 봄에 삼성동 코엑스에서 열린다. 다양한 사진기재전시와 세미나가 열리며, 통상 목요일, 금요일, 토요일, 일요일에 진행된다. 그중 프로사진가에게 유용한 강의는 목요일과 금요일에 집중되어 열린다. 세미나에서 강사에게 연락처를 주고 교류하는 것이 좋다.

가급적이면 시장의 정확한 정보를 가지고 전문성을 갖춘 아카데미나 컨설팅을 받는 것이 좋다.

2. 기재업체

사람을 만나려면 여러 방법이 있지만, 그중 가장 가깝게 정보를 취할 수 있는 방법이 기재업체 분들이다. 현장을 가장 많이 돌아보고 이야기하고 정보를 알고 있기 때문이다. 현재 시장에 대하여 정확하게 체감하고 있는 분들도 기재업체 분들이다.

액자, 앨범, 현상소는 스튜디오에서 자주 만나고 접하는 분들이다. 이분들에게 필자도 많은 도움을 받는다. 기재업체 분들이 시장 상황을 정확히 아는 이유는 재료의 소모량에 있다. 재료의 소모량을 보면 경기 동향을 정확히 알 수 있기 때문이다.

스튜디오에서는 거래만 하면 오시는 이분들을 소홀히 하는 경우가 종종 있다. 특히, 직원들이 거래처에 갑질 아닌 갑질을 하는 경우가 있다. 절대 해서는 안 되는 일이다. 이분들이 취업자리 알선과 창업에 대한 정보를 주는 분들이기 때문이다. 필자도 현장에 나가면 직원들에게 기재업체 사장님들이 오시면 따뜻한 차 한 잔 드릴 것을 권한다.

필자는 직장 생활을 할 때, 경력이 생기고 나서부터는 이력서를 쓴 일이 없다. 이유는, 기재업체 사장님들이 소개를 해 주었기 때문이다. 기재업체 사장님들은 대충 보는 것 같지만 아주 정확하게 사람을 본다. 이 글을 읽는 직원분들이 있다면 기재업체 사장님과 친해져라.

오너도 마찬가지이다. 기재업체에게 잘해서 손해 볼 일은 없다. 특히 미수금 문제로 감정을 상하게 하지 않는 것이 좋다. 과거에 사진스튜디오로 시작해서 지금은 예식장을 운영하시는 K사장님의 이야기이다.

이분은 월말이 되면 재료를 납품하는 업체 담당자들과 회식을 한다. 봉투에 감사의 글을 쓰고 함께 식사를 한다. 마음을 담은 행동에 기재업체 사람들은 진심으로 K사장님의 발전을 기원하였다. 경쟁업체에서 K사장님의 정보를 알려고 접근해도 대충 얼버무리고 만다. 오히려 양질의 정보를 K사장님에게는 알려 주어 K사장님이 성공하는 데 일조하게 된다.

사업이 성공하려면 직원, 기재업체 등 가까운 사람부터 챙겨야 한다. 성공은 양질의 정보이고, 양질의 정보는 사람에게서 나온다. 오늘부터 스튜디오를 방문하는 영업맨들의 마음을 훔쳐야 한다.

유료 정보

이번에는 유료로 얻을 수 있는 정보인 한국프로사진협회, 즉 사진협회와 스튜디오 연합의 각종 모임에 대해 알아보자.

1. 사진협회

가장 정보를 얻기가 쉬운 곳이 기재업체라고 하였다. 그다음으로 접할 수 있는 것이 사단법인 한국프로사진협회(줄여서 '사진협회')이다. 사진협회는 50년이 넘는 역사와 전통을 자랑한다. 1년에 한 번 국제세미나가 2박3일간 열리며, 세미나 기간에는 기재업체가 참여하여 다양한 제품의 전시와 판매를 하고 다양한 강좌가 열린다.

1990년대에는 3천 명 내외의 사람이 몰려 행사가 진행되었다. 지금은 1,000명이 조금 안 되는 인원이 모인다. 인원이 이렇게 줄어든 데에는 여러 가지 이유가 있겠지만, 필자는 마케팅의 관점에서 풀어보고자 한다.

과거 1990년대(아날로그 시대)에는 동 단위의 마케팅이었던 것이, 2000년대(디지털 시대)에 들어오면서 구 단위에서 권역별 마케팅이 되었다. 같은 지역에서 형님 동생 하던 사이가 경쟁자로 바뀐 것이다.

한쪽에서 시장을 흐리는 마케팅을 한다고 하면 싫은 소리를 하고 제재가 들어간다. 먹고살려는 회원은 협회의 간섭을 받고 싶지 않아 한다. 그래서 탈퇴를 하고 독자적인 마케팅과 인맥을 구성하여 활동한다. 조직이 오래되다 보니 친목 활동이 강화된 것도 주요한 원인으로 작용했다.

어떤 조직이든 새로운 회원이 영입되어야 한다. 지금 협회에서는 40대가 막내 개념이다. 간혹 20~30대가 활동하지만 수적으로는 현저하게 적다.

물론 협회에 가입하면 다양한 인맥을 얻을 수 있다. 그러나 이미 친목모임의 성격을 띤 지부 지회의 성격은 공부와는 거리가 멀다. 젊은 회원은 친목도 중요하지만 교육이나 정보를 우선시한다.

예전 도제방식으로 기술을 배워 온 세대들에게는 교육이 낯설다. 게다가 학교앨범, 유치원등 새로운 기술이 필요치 않는 분들에게는 더더우 낯설다. 설령 젊은 회원이 들어와도 포용할 수 있는 능력이 없는 것이다. 사진을 배운 방식, 학력, 환경 등 모든 것이 다르기 때문에 세대 차이를 극복하기가 어렵다.

필자는 협회 활동을 하면서 청년부 모임을 적극 지지한다. 현재 2세 모임이 태동을 하고 있다. 협회가 발전하고 존속하려면 젊은 회원이 많이 입회해야 한다. 젊은 회원이 입회를 많이 하려면 그들이 원하는 것이 있어야 한다.

협회가 하는 일이 무엇이냐고 묻는 후배가 있었다. 그런 후배에게 필자는 회비를 내고 협회 안에서 욕을 하라고 답한다. 투표도 하지 않고 정치에 대해 이러쿵저러쿵 이야기해서는 안 되는 것과 같은 이치다. 결국 필자는 그 후배를 데리고 지회장님에게 보고한 후 입회시켰다.

필자는 협회에서 다양한 사람을 만나고 많은 정보를 얻었다. 이 과정에서 사람이 재산이라는 것을 확실히 느끼고 있다.

그런데 요즘 들어 느끼는 것이지만, 협회에는 과거의 시간에 갇혀 있는 분들이 많다. 시대가 변화하여 회원 수는 줄어드는데, 과거 찬란했던 영광의 역사만 기억을 하는 분들이 있다. 현실을 냉정하게 보아야 한다. 문제점은 이야기하는데 해결책이 없는 경우가 많다. 평상시에 이야기할 때는 말씀을 잘하시다가도 회의에 들어가면 이야기를 못하는 경우가 많다. 화술이 중요한 것이 아니라 내용이 정리되지 않으니 의견을 정확히 개진하지 못한다.

필자는 사진협회에 대한 애정으로 제안한다. 현재 협회는 지회와 지부로 구성되어 있다. 예를 들면 서울은 지회이고, 강남구는 지부이다. 지부는 월 1회 또는 격 달로 모임을 연다. 대부분의 지부가 지역으로 뭉

쳐 있는데, 회원이 노쇠화가 되고 친목모임의 성격이 강하다. 그러다 보니 교육보다는 식사하고 술 한잔하는 성격이 강하다.

물론, 모든 지부가 그렇다는 것은 아니다. 자체적으로 교육을 많이 하는 지부도 많다. 문제는, 젊은 회원들이 입회를 하지 않는다는 점이다. 그리고 젊은 회원들이 입회를 하여도, 정보와 교육이 없으면 실망을 한다는 것이다.

필자는 공부를 하고 정보를 얻고자 하는 모임이 되어야 한다고 생각한다. 이를 위해서는 스터디그룹을 만들어야 한다. 스터디그룹은 신규 회원 증가를 목적으로 한다. 신규 회원의 증가는 대외 영향력 강화로 이어지기 때문이다. 사진가의 권익을 보호하기 위해 청원이나 서명운동 시 인원이 많은 것이 유리하다.

현재 상태를 살펴보면, 시간이 지날수록 회원 수가 줄어들고 있다. 회원을 유지하고 보전하기 위해서는 교육과 정보 등으로 사진가의 이익을 챙겨 주어야 한다. 기술 및 마케팅 교육으로 회원의 욕구를 충족시켜 줘야 물이 고이듯 회원이 모인다.

2. 모임

스튜디오가 연합을 하여 친목 및 영업 정보를 얻는 형태의 모임이 있다. 일정한 회비를 내고 회칙에 따라 모임을 진행한다. 모임에서는 정기적으로 강사를 초청한다. 내부 회원이 발표를 하는 경우도 있다. 이러한 모임에 가입하려면 기재업체의 도움을 받는 것이 좋다. 액자, 앨범, 현상소등 스튜디오와 자주 접촉하는 분들에게 물어보는 것이다.

10년마다 1등이 내려앉고 3등이 1등이 되는 현상이 벌어진다. 3등과

2등은 1등이 되려고 항상 노력한다. 1등이 되면 상당수가 '이 정도면 되겠지' 하는 매너리즘에 빠지게 마련이다. 상위 5% 정도만이 쉼 없는 변화와 혁신으로 살아남는다.

따라서 모임을 구성할 때 전문영역의 전문가가 포함되어 있는 것이 좋다. 즉, 모여서 공부를 할 수 있는 것이 좋다는 것이다.

두 번째로는 물건을 공동으로 구매할 수 있으면 좋다. 액자나 의상 같은 경우는 지속적으로 소비를 하기 때문에 공동의 회비를 모아 구매하는 것이 좋다.

또, 모임을 선택할 때 조직에 신구 조화가 잘 이루어져 있는지 살펴보아야 한다. 너무 오래된 모임은 정체되어 성장과 발전이 없는 경우가 있다. 반대로 새로 만든 모임은 구심점이 없어 해체될 위험성이 있는지도 살펴보아야 한다.

그리고 다양한 정보를 얻을 수 있도록, 가급적이면 전국적인 모임이 좋다. 베이비를 하는 스튜디오라면 증명사진, 가족사진, 웨딩사진 등 다양한 구성원이 있는 것이 좋다. 나와 다른 형태의 스튜디오에서 아이디어와 영감을 많이 얻기 때문이다.

또한 내부토론과 강좌가 열리는 모임이 좋다. 토론과 강좌를 통해 다양한 정보가 들어오기 때문이다. 강좌가 열린다는 것은 잘되고자 하는 의욕이 넘치는 모임이라는 증거이다. 통상적으로 모임에서는 월 1회 정기적으로 기술 발전과 정보를 얻는다.

고액 정보

마지막으로, 고액 정보인 컨설팅과 체인에 대해 알아보자.

1. 컨설팅

최고의 정보와 실천은 컨설팅을 받는 것이다. 컨설팅의 장점은 맞춤형으로 진행을 할 수 있다는 점이다. 스튜디오의 체력에 맞게 컨설팅을 받는 것이 좋다. 컨설팅을 받을 때는 교육교재가 있는지, 약속을 잘 지키는 컨설턴트인지 알아보아야 한다.

체인, 모임, 컨설팅 등은 여러 사람에게 물어보아서 평판이 좋은 곳으로 해야 한다. 인테리어, 시설보다 더 중요한 것이 정보이다. 정보는 스튜디오의 운명을 바꿀 수 있는 무기이다.

지식 정보화 시대이지만 오히려 정보가 없는 경우가 많다. 통신기술의 발달로 사람과 사람이 만나는 횟수가 줄어든 것이 가장 큰 이유다.

경기 침체로 직원을 줄이거나 혼자 하는 오너도 생겨났다. 혼자 할수록 정보의 샘을 찾아 나서야 한다. 빠르게 변화하고 있는 세상이다. 정보가 없으면 물이 없는 물고기 신세와도 같다. 정보를 찾아 변화하여 발전하는 것이 생존의 비결이다.

유명한 스튜디오에서 근무를 하다가 개인으로 독립하여 컨설팅을 하는 사람들이 있다. 컨설팅을 크게 3가지로 분류하면 경영컨설팅, 사진기술 컨설팅, 인테리어 컨설팅으로 나눌 수 있다.

컨설팅의 첫 번째 조건은 기본을 지키는 것이다. 기본은 시간 약속에서부터 시작된다. 고객인 스튜디오 오너와의 시간 약속이다.

두 번째, 교육교재 준비이다. 교재 없이 교육을 진행할 경우, 일정 시간이 지나면 발전이 없다. 오랫동안 일을 할 수가 없다는 뜻이다. 피피티를 기본적으로 준비하여 교육을 해야 한다. 스튜디오 현장에서 강의를 하더라도 빔프로젝트는 필수적이다. 아울러, 마우스 포인터를 사용해야 한다. 강의의 맥이 끊어지지 않게 교육 자료를 준비하고 마우스포인터로 물 흐르듯이 준비해야 한다. 작은 공간에서 적은 인원을 강의하더라도 빔프로젝트를 사용하면 일단 폼이 난다. 제대로 준비를 한 티가 나는 것이다.

세 번째, 선생님 역할을 해서는 안 된다. 정보를 전달하고 고객에게 양질의 정보를 전달하는 것이 목적이다. 선생 역할을 잘못하다 보면 고객과 트러블이 많이 생긴다.

네 번째, 인맥을 구축해야 한다. 인맥이 없으면 몇 군데 컨설팅을 하다 보면 일감이 금세 없어진다. 인맥을 구축하려면 공짜 강의도 필요하다. 강의하는 자체가 홍보이기 때문이다.

2. 체인

사업이 안 되면 체인가맹비로 몇 천에서 억 단위로 투자를 한다. 체인을 하는 것이 나쁘다는 것이 절대 아니다. 물건을 사든, 체인을 가맹하든 정확하게 알고 사용해야 한다는 점이 중요하다. 적당한 금액인지, 나에게 필요한 것인지 공부가 필요하다는 것이다.

체인에서 정보를 얻는 방법은 상대적으로 많은 비용이 들어간다. 가맹비, 마케팅비용, 월 회비를 감안해야 한다.

일부 오너는 체인사의 마케팅보다는 사람을 만나기 위해 가입하는 경우도 있다. 많은 비용이 들어가기 때문에 신중하게 생각해야 한다. 특히 체인사는 시간이 지나면 정보의 폐쇄성을 조심해야 한다.

스튜디오체인은 런칭 후 3년을 보는 것이 업계의 정설이다. 모든 체인이 그런 것은 아니지만 3년 동안 최정점에 있다가 3년 후에는 내리막길을 걷는다. 모임이 최정점을 찍으면 우리가 최고라는 생각에 자만한 나머지 기존의 마케팅을 고수하는 경향이 있기 때문이다. 이런 점에서 모임이나 체인이 조심해야 할 점은 매너리즘이다.

국내의 체인은 크게 두 가지로 분류된다. 공동마케팅을 하여 고객을 유입시키는 체인과 기술 교류를 하는 체인으로 나뉜다. 이 중에서 마케팅 체인은 영업력 활성화의 유무에 따라 흥망이 갈린다. 이번 장에서는 기술 교류를 하는 체인에 대해 이야기하고자 한다.

스튜디오를 크게 운영하거나 유명해진 스튜디오가 체인을 하는 경우가 많다. 문제는 절반 정도의 체인이 자금 회전의 대안으로 체인을 하는 경우가 많다는 것이다. 돈이 목적이다 보니 준비가 소홀한 경우가 태반이다. 이러한 경우에는 체인가맹사업이 3년을 넘기기가 힘들다. 태생 자체가 돈에 혈안이 되어 있으니 가맹점과 협력하려기보다는 돈으로 보기 때문이다.

체인이 오래가는 경우는 지속적인 연구 개발이 이루어지는 경우이다. 분기별로 사진을 연구하고 정기적인 워크샵을 진행하는 것이다. 워크샵을 정기적으로 하니 오너와 실무자의 실력이 배양된다.

워크샵의 가장 큰 장점은 지점에서 연구 개발비와 시간이 절약된다는 점이다. 지점에서 연구개발할 시간에 본사에서 제공하는 기술력만 팔면 되는 것이다. 기술력만 팔다 보니 판매 마케팅에만 집중할 수 있어,

지점의 경쟁력과 수익이 자연스레 올라간다. 이렇듯 지점은 연구 개발 비용을 본사에 주고, 본점은 연구 개발에 매진하는 것이 중요하다.

무엇보다 중요한 것은 본사가 꾸준하게 성장하려면 매뉴얼이 필요하다는 것이다. 매뉴얼의 장점은 여러 가지가 있겠지만, 제일 우선적인 효과는 공부이다. 어설픈 매뉴얼이라도 있어야 성장의 발판이 되는 것이다. 매뉴얼이 없이 기술 이전은 가능하지만 발전은 불가능하다.

이 책이 많은 사진가들에게 도움이 되기를 간절히 기원한다.

대한민국 사진가, 파이팅~!

PART2

변화

사업의 성패는 생각에서 갈린다.

변화하려면 문제를 제대로 아는 것이 해결의 전부이다. 사물을 바라보는 관점에서 생각의 차이가 나기 때문이다. 부자의 생각과 가난한 사람의 생각의 차이는 무엇일까? 자신의 생각을 어떻게 정립하고 사고(思考)하는가에 성패가 달려 있다.

다른 결과를 내고 싶으면 다른 생각을 하고 다른 행동을 해야 한다. 항상 해오던 생각을 하고, 같은 행동을 한다면 항상 똑같은 결과만 나올 뿐이다. 내가 원하는 결과를 얻은 사람의 좋은 습관을 내 것으로 만들어야 한다.

머리가 좋은 사람이 이기는 것이 아니다. 좋은 습관을 하나씩 만들고 실천하는 자가 이긴다. 목표를 공개하고 강제적으로 자신을 들들 볶아서 실천하는 것이 중요하다.

변화를 위해서는 자신의 문제를 정확하게 알아야 한다.

정확히 안다는 것은 문제를 제대로 인식하고 설명할 줄 안다는 것을 의미한다. 변화의 중심은 나부터 시작되어야 한다. 남을 탓해서는 안 된다. 배우자나 직원을 패배자로 만들지 말라 그러면 당신은 패자와 함께 일하는 것이다. 이런 점에서 '나의 문제는 무엇인가?'를 자각하는 것이 변화의 출발점이라 할 수 있다.

안 되는 사람은 다음과 같은 방어적인 이야기를 한다.

"지방이라서 안 돼. 서울이니까 되는 거지."

"여기는 변두리라 안 돼. 강남이니까 되겠지."

"다 아는 거네."

방어적인 이야기는 무서운 전염병과 같다. 부정적인 생각은 사람들이 피해 다니게 마련이다. 좋은 정보가 있어도 부정적인 상대에게는 이야기하지 않는다. 정보가 차단되는 것이다. 따라서 변화하려면 긍정적인 생각을 가지고 상대방의 의견에 수긍해야 한다.

변화를 원한다면 자신을 업데이트해야 한다.

하늘을 원망해 봐야 스트레스만 쌓일 뿐이다. 그리고 변화를 하려면 쉬운 것부터 해야 한다. 어려운 것을 해내려 하거나 다 잘하려고 하면 아무것도 못한다. 또, 냉정하게 자신을 봐주는 사람을 찾고 이야기를 들어야 하며, 환경의 변화를 주어야 한다.

고객의 수준이 높아졌다고 한탄해서는 안 된다. 고객의 수준은 이미 높았다. 내가 변화해 맞추어야 하는 것이다.

생각이 과거에 멈추어 버리면 안 된다. 과거 찬란했던 시절을 기억을 잊어야 한다. 과거의 기억에서 벗어나지 못하면 변화를 할 수 없다.

지금은 지금의 생각을 해야 한다. 만일 지금이 어렵다면, 내가 변화하면 된다. 지금 사정이 어렵다면 지출을 줄이면 된다. 변화를 하려면 핑계를 대지 말자.

그리고 성공하기 위해 성공모델을 분석해 보자. 처음에는 이해하려 하기보다는 일단 받아들이자. 왜 잘 되는지, 그 이유가 무엇인지, 잘된 이유를 철저히 분석하자. 지금 살고 있는 자신의 환경에서 벗어나야 그 세계를 볼 수 있다.

4장

생각이 유연해야
살아남는다

확증편향

확증편향이란, 자신이 보고 싶은 것만 보고, 믿고 싶은 것만 믿는 현상을 의미한다. 확증편향(確證偏向)에서 '確(확)'은 '굳을 확'이고 '偏(편)'자는 '치우칠 편'이다. 생각이 굳고 한쪽으로 치우쳐 생각한다는 뜻임을 알 수 있다.

주장이 강하다는 것은 사물의 다른 이면을 보지 못한다는 뜻이다. 생각이 다르기 때문에 부자들과 가난한 사람은 차이가 나는 것이다. 부자가 된 사람들을 보면 운이 좋아서 된 사람도 있겠지만, 대부분의 우리 주변의 부자들은 정말 열심히 일해서 부자가 된 경우가 많다.

확증적 편향의 원인은 자기논리와 고정관념에서 벗어나지 못하는 선입견에 있다. 이러한 선입관을 뒷받침하지 못하는 새로운 정보나 다른 의견은 틀린 정보로 인식한 나머지, 정보의 가치는 평가절하 된다. 결국 자신에게 유리한 방향으로 정보를 축소·왜곡하는 자기합리화가 발생, 있는 그대로의 현실을 제대로 바라보지 못한 채 부분적 현실만을 인식해 객관적이고 합리적인 판단이 불가능해진다.

생명력이 있는 나무는 유연하다. 태풍이 불어와도 생존한다. 반면에 딱딱한 고목은 태풍이 불어오면 어떻게 될까? 부러져서 그나마 남아 있던 생명이 끊어질 것이다.

경영을 하는 오너는 부드러워야 한다. 나와 생각이 다른 것을 보았을 때 유연하게 생각해야 한다. 지금 어렵다면, 나보다 잘하는 사람을 찾아야 한다. 처음에는 생각을 하지 말고 따라가 보아야 한다. 그동안 내 생각에 갇혀서 이루지 못한 것을 얻을 수 있을 것이다. 그 후에는 나의 생각과 사상을 접목시켜서 주체적인 행동을 해야 한다.

사고의 유연성을 가져야 변화하는 세상에 적응할 수 있다. 다른 생각에 무조건 반대하지 말고 귀를 기울여야 한다. 고집을 버리지 않으면 과거의 시간에서 빠져나올 수 없다. 주장이 강하면 원하는 것을 얻을 수 없다.

주장이 강한 사람을 만나면 여러분은 어떠한 생각이 드는가? '나는 아니겠지.'라는 생각이 드는가? "그건 아니지." 하면서 흥분하고 큰소리를 내면서 자기주장을 하는 나 자신을 들여다보아야 한다.

인간은 불완전한 존재이다. 따라서 자신의 생각을 끊임없이 의심하고, 내가 틀릴 수도 있음을 인정하는 자세를 가져야 한다. 그리고 나와 다른 의견에도 귀를 기울이며, 다양성을 존중하는 자세를 가져야 한다. 생각이 유연해야 변화하는 세상에서 생존할 수 있다.

성과를 내자

목표와 기준점이 없으면 성과를 낼 수 없다. 따라서 업무량을 정해야 한다. 덩어리를 잘게 쪼개서 오늘 할 일을 정하는 것이다. 정리정돈이 필요한 이유도 이 때문이다.

이를 위해서는 우선순위를 정해야 한다. 먼저 하고 싶은 일을 종이에 적어 보라. 그리고 그 가운데 해야 할 일을 뽑아 상위 3개만 실천해 본다. 임무를 완수했다면 쉬어라. 쉬는 것도 목표에 있어야 한다. 바쁘기만 하고 쉬는 날이 없어서는 안 된다.

돈이 전부는 아니지만, 돈이 없으면 불편하다. 큰 부자는 하늘이 내려주지만 작은 부자는 내가 만든다. 인생의 설계도가 있어야 한다. 스튜디오 설계도도 필요하다. 삶의 밸런스, 업무의 밸런스를 계획해 보자.

밸런스를 잡기 위해서는 내가 일을 해야 하는 이유와 목적이 있어야 한다. 명예욕이 있다면 나의 족적을 하나 남겨야 하지 않을까? 모든 것이 완벽할 수는 없지만 한 가지라도 잘하는 것을 개발해야 한다.

일은 열심히 하는데, 분명 놀지는 않는데 성과는 없다. 뒷부분에 시간 관리에 대해 이야기하겠지만, 시간 관리가 중요하다. 성과를 내지 못하는 것도 습관이다. 나의 프로세스를 점검하여 습관을 바꾸어야 한다.

1. 그날 일은 그날 끝낸다.

» 증명수정을 미루지 말라.

2. 출고일은 넉넉하게, 작업은 미리 하라.

>> 내일 온다고 하지만 고객은 오늘 온다.

3. 고객을 2번 오게 하지 말라.

>> 프로세스를 점검해야 한다.

4. 출고 안내를 미리 해라.

>> "고객님, 낼 쉬는 날이에요. 오늘이나 낼모레 오세요."

5. 쉬는 날을 미리 공지하라.

>> 그러면서 홍보 존재감을 드러내라.

스튜디오 간판을 달고 일을 벌였다면 성과를 내자. 성과는 역량과 실행이 합쳐져야 나온다. 자신의 실력과 실천이 중요한 요소인 것이다. 실천을 하려면 문제를 제대로 파악해야 한다. 내가 지금 어떠한 상황인지를 정확하게 인지해야 한다.

사람들과 이야기를 하다 보면 돈이 없어서 못한다고 하는 경우가 많다. 엉뚱하게도 주식이나 한탕을 노리는 어리석은 짓을 하는 사람도 많다. 지금 5천만 원을 투자하면 매달 1만 원의 수익이 나온다고 하자. 확실한 것이라면 투자를 할 것이다. 사업은 불투명한 것이 가시적으로 보일 때 해야 한다.

결혼, 출산, 학비 등을 걱정하면서 무턱대고 사업을 벌이는 경우가 많다. 돈이 지금 당장 필요하다고 해서 벌 수 있는 것이 아니다. 역량을 키우고 준비하는 사람이 돈을 벌 수 있다.

역량을 키우기 위해서는 다른 사람의 좋은 습관을 내 것으로 만들려는 자세가 필요하다. 성공한 사람들은 사소한 습관들이 모여서 성공이 가능했던 것이다. 성과를 내려면 목표에 대해 정확하게 설명할 줄 알아야 한다.

그런데 아는 것이 없으면 말을 잘할 수가 없다. 아는 것이 있기 때문에 말을 잘하는 것이다. 자신의 역량을 키우지 않으면 말을 잘할 수 없다.

이렇게 역량이 준비되면 실행에 옮겨야 한다. 실행은 구체적일수록 좋다. 화가는 전시회 날짜가 잡혀야 붓을 든다는 말이 있다. 실행을 하려면 역산을 하는 것이 좋다.

필자는 100일 프로젝트를 많이 실행한다. 100일이면 석 달이 조금 넘는 기간이다. D-day를 설정하고 끝마치는 날을 계산하여 번호를 매긴다. 달력을 보면서 하루하루 지워 나가면 실행하는 데 상당한 도움이 된다.

목표를 주변에 공개하는 것도 좋은 방법이다. 사람들에게 목표를 이야기하다 보면 해결의 아이디어도 직간접적으로 터득할 수 있다.

5천만 원을 투자해서 월 천만 원을 버는 스튜디오 아이템이 있다고 하자. 노력에 의해 정보를 수집하고, 실제 수익을 내는 스튜디오를 찾아가자. 내가 가지고 있는 역량의 장단점을 냉철하게 분석해야 한다. 확신이 들었을 때는 상대적으로 돈은 문제되지 않는다.

대부분 실패했을 때 운이 없다고 말하는 것은 핑계다. 처음부터 설계도가 잘못된 경우가 많다. 역량과 실천의 부재인 것이다. 그중에서도 제일 못난 사람이 남 탓하는 사람이다. 그들은 운이 없다거나, 인복이 없다고 한탄한다. 대기업이나 중견기업은 하늘이 내려 주지만, 조그마한 부자는 노력으로도 충분히 가능하다.

성과를 내는 것은 역량과 실천뿐이다. 나를 업그레이드하자.

삶의 방향

어떻게 사는 것이 잘사는 것일까? 필자가 생각하기에, 대부분의 사진가들은 많은 것을 원하지는 않는다.

남에게 손 벌리지 않을 정도로 버는 것이 생존이다. 생존이 충족되지 않으면 짜증을 내게 된다. 부부, 자식, 형제, 주변 사람에게 잘하려면 내가 잘사는 것이 우선이다. 나 혼자 잘살아 주면 모든 인간관계의 상당 부분이 해결된다.

생존이 해결되면 젊어져야 한다. 사람이 늙는 것은 나이를 먹어서가 아니라 더 이상 꿈을 꾸지 않기 때문이다. 피카소는 평생 5살의 마음으로, 죽을 때까지 호기심에 묻혀서 살았다고 한다.

세상이 빨리 변하고 있는 세상에서 업그레이드를 하지 않으면 경제활동을 하기가 힘들다. 자영업을 하든 직장 생활을 하든 매일 아침 눈을 뜨면 일터로 나가야 한다. 퇴직한 사람들의 이야기를 들어 보면, 심심해서 죽는다. 여행, 낚시, 등산도 한두 번이다. 경제적인 문제를 떠나서 평생 할 수 있는 일을 찾아야 한다.

필자는 은행과 국가를 믿지 않는다. 그들이 나의 인생을 책임져 주지는 않는다고 생각한다. 경제적인 문제와 노후에 심심하지 않으려면 계속 업그레이드하고 공부해야 한다.

나이에 맞는 일은 언제나 존재한다. 세상이 변하면 변하는 대로 살면 된다. 확실한 건 어제의 나를 버리고 새롭게 태어나야 한다는 것이다. 어제의 나를 죽이고 새롭게 태어나는 사람이 성공하는 것이다.

원효 대사님이 중국에 가는 길에 자다가 해골 물을 마시고 나서 한 말씀이 있다.

"어제와 오늘 달라진 것은 내 마음뿐이다."

모든 것을 놀랍고 고마운 것으로 받아들여야 행복한 삶이다. 잠자리에 누웠을 때 갑자기 옛날 생각을 하면서 쑥스럽거나 후회된 적이 있는가? '그때는 왜 그랬을까?'라는 생각을 할 것이다. 어쩌다가 어른이 되어 내가 성숙한 인간인지 생각하다가 몸서리칠 때가 있다. 그냥 나이만 많이 먹은 건 아닌지 자성하게 된다.

정신적으로는 20대 초반인데 가장으로서 어깨가 무거울 때가 있다. 부모님의 나이가 되었는데 책임감 때문에 생각은 아직 어리고 싶다. 사람에게는 누구나 아이와 같은 모습이 있다. 나이를 먹고 부모가 되고 사회적인 지위가 생겨도 마음은 어린아이다.

그러나 어제가 오늘 같은 사람, 오늘이 내일과 같은 사람은 소리 없이 사형선고를 받는 것과 같다. 좋든 싫든 모든 생명은 생성, 변화, 소멸을 피할 수 없다. 성공이란 무엇이며, 어제의 나보다 현명해지는 것은 어떤 의미일까?

개그맨 주병진은 방송과 사업에 성공해서 200평대의 아파트에 산다. 그는 전 재산을 주더라도 젊은 시절로 돌아간다면 결혼을 하겠다고 한다. 커다란 집도 가족이 있어야 행복하다는 것이다.

일의 성취, 가정의 행복도, 어제의 나보다 현명하고 올바른 판단을 하여야 얻을 수 있다. 어제보다 현명해질 수 있도록 자신의 삶을 고찰해야 한다.

세월이 흐를수록 자기관리는 중요하다. 세월에 익숙해져, 흘러가는 대로 지내는 것과, 매일 나를 뚜렷하게 돌아보며 사는 것은 확연하게 다르다. 오늘을 어떻게 살 것인지 스스로에게 질문을 던져 보자. 어제와는 다른 사람이 되어 있는지, 어제의 나를 이기고 있는지 생각해 보아야 한다. 결국, 나를 이기고 항상 변화하는 사람이 되어야 한다는 뜻이다.

필자에게 사진 일에 비전이 있냐고 물어보는 사람들이 많다. 그러나 유망 직종이란 없다. 자신이 하는 일이 유망 직종이다.

지금은 열심히 하는 상위 20%만이 생존하는 시대이다. 과거 1990년 대에는 10군데 스튜디오 중 8군데는 문만 열어도 잘되었다. 2000년대는 10군데 중 5군데가 잘되었다. 그러던 것이 2010년대는 10군데 중 2군데만 잘된다.

필자는 다른 업종도 마찬가지라고 생각한다. 현실을 파악하고 노력하는 사람이 생존하는 것이다. 어제의 나를 죽이고, 오늘 새로 태어나자. 생존하려면 어제와 오늘이 같은 사람이면 안 된다.

5장

고객에 대한 마음가짐

파인아트 VS 프로사진가

실력이 좋은 사진가는 망한다?

사실이 아니라고 생각할지 모르지만, 상당수의 실력 있는 사진가는 돈 벌기 어렵다. 그 이유는 무엇일까? 고객과의 소통의 부재라고, 필자는 강력히 주장한다. 그렇다면 고객과의 소통이 왜 그토록 중요할까? 프로사진가(영업사진)는 이윤을 창출하여 생존해야 하기 때문이다.

필자는 사진업계 사람들의 전화번호를 매년 정리한다. 안타까운 것은 상당수가 폐업을 하여, 80%의 사진가가 사라진다는 것이다. 필자의 친구 중 한 명이 사진을 잘 찍는데 망했다. 없는 돈 있는 돈 끌어다가 창업을 하였지만, 3년 동안 근근이 버티다가 결국 망해 버렸다. 그는 사진을 잘 찍는데 왜 망했을까?

기술직과 서비스업의 생각의 차이다. 사진을 기술로 생각하는 사람은 망할 확률이 아주 높다. 그렇다고 해서 사진 품질은 뒷전이고 마케팅만

해야 할까?

아니다. 사진 품질은 기본적으로 잘해야 한다. 음식점의 음식은 기본적으로 맛있어야 하는 것과 마찬가지로, 사진관의 기본이 사진을 잘 찍는 것임에는 변함이 없다.

1990년대 국진이빵이 초등학생들 사이에서 대히트를 했다. 개그맨 김국진의 이름을 딴 국진이빵은 어린이들에게 널리 인기를 얻어 법정관리를 받고 있던 삼립식품이 재도약하는 데 큰 일조를 할 정도로 인기가 많았다.

당시 초등학생들은 스티커를 모으느라 빵은 버리고 스티커만 가져가는 학생이 많았다. 국진이빵은 주객전도의 경우이다.

그렇다면 우리는 고객에게 무엇을 팔아야 할까? 제품? 서비스?

최근의 남자 친구의 식사 매너는 여자 친구가 음식을 촬영할 때까지 기다려 주는 것이라고 한다. 사람 간의 배려가 중요한 것이다. 여자 친구가 사진을 찍기 전에 음식에 손을 댄다는 것은 매너가 아니다. 사진이 잘 나올 수 있도록 포크나 젓가락 등을 이용하여 음식을 표현하는 데 도와주어야 한다.

그래서 음식점은 맛도 중요하지만 플레이팅이 중요하다. 음식 플레이팅 학원이 문전성시를 이루는 이유이다. 식당을 가는 이유도 예쁜 음식 사진이 한몫한다. 블로그, SNS 등에 사진을 올려 포스팅 할 때 중요한 요소이기 때문이다. 그래서 음식은 맛도 있어야 하지만 담긴 모양도 예뻐야 한다.

좋은 사진은 언젠가 빛을 본다?

2000년대 초반에 인상사진을 공부하는 광풍이 불었던 시기가 있었다. 인상사진을 공부를 한 이유는 무엇일까? 단지, 고급사진을 촬영하기 위해 배웠을까? 직설적으로 이야기하자면, 돈을 벌기 위해 열심히 배운 것이다.

가르치는 사람도 좋은 사진으로만 돈을 번 것은 아니다. 마케팅과 좋은 사진이 만나 수익을 내는 것이다. 사진만 공부한 사진가의 80%가 시장에서 사라졌다. 필자가 이 책을 쓴 이유이기도 하다.

사진 품질이 떨어져서 망한 스튜디오는 별로 없다. 사진을 잘 찍는데 망한 스튜디오는 부지기수이다. 좋은 사진만 가지고는 빛을 볼 수 없다.

사진기술(사진 품질)을 "파인더"라고 한다면, 고객과의 소통(마케팅·서비스)은 "아이컨택"이라 할 수 있다. 파인더란 카메라나 망원경에서 미리 피사체의 위치를 확인하기 위한 보조 렌즈 또는 이를 위하여 들여다보는 구멍을 말하며, 아이컨택이란 시선을 마주치는 것을 의미한다.

프로사진가는 고객의 눈을 쳐다보고 시선교차를 해야 한다. 자신의 사진만 생각하면 고객의 시선을 볼 수 없다.

과거 기술 중심의 아날로그 시대에서는 고객을 가르쳐도 되었다. 카메라가 흔하지 않은 시대라 정보가 없었기 때문이다. 그러나 디지털 시태, 스마트폰이 지배하는 시대에 들어서면서 정보가 대중화되었다. 이에 따라 전문성보다는 서비스가 중요한 시대가 되었다.

좋은 사진가들이 망하지 않아야 한다. 돈을 많이 벌라는 것이 아니다. 적어도 자신이 좋아하는 사진을 하면서 살아가자는 이야기다.

프로사진가는 파인아트의 철학으로 설명하거나 대입해서는 안 된다. 파인아트를 하려면 프로사진가와는 철학이 다르다는 것을 인지해야 한다. 필자도 파인아트와 프로사진가의 철학이 정립되지 않은 탓에 20대에 방황한 적이 있었다.

파인아트의 사전적 의미는 순수미술로서 순수미를 구현하기 위한 예술적 동기에 의하여 창조된 미술을 의미한다. 실용을 바탕으로 한 효용성보다는 절대적인 미(美)를 추구하는 가치 중심의 비상업적인 미술을 지칭하는 용어로, 개인의 철학과 사상이 반영된 작품이다.

영업사진(프로사진)은 돈을 벌어서 이익을 창출하는 것이다. 고객과의 소통(서비스)이 중요한 것이다. 사진 촬영을 잘하는 것도 중요하지만, 고객의 눈을 쳐다보아야 한다.

고객서비스를 하진 않을 거라면 스튜디오를 운영해서는 안 된다. 스튜디오 존재의 목적은 이익을 내는 것이다. 자본을 투자 하여 간판을 걸고, 인테리어를 하는 것이다. 자신의 사진에 대한 만족을 높이기 위해 사진만 한다면, 산속으로 들어가서 작업실을 만들어야 할 일이다.

고객과 대화하고, 고객의 마음을 이해하는 사진이 프로사진가이다. 지금 프로사진가가 노력해야 하는 것은 고객과의 공감, 소통이다. 고객과 수다를 떨어서 고객과 소통해야 한다. 수다를 잘하는 것이 생존 비법 중 하나이다.

사진을 잘 찍는 사람과 경영을 잘하는 사람은 서로를 존중해 주어야 한다. 생각의 중심이 어디에 있느냐에 따라 경영의 차이는 크게 벌어진다. 파인아트를 선택하건 아이컨택을 선택하건 후회만 하지 않으면 된다. 남을 탓할 필요가 없다. 자신이 세팅한 대로, 계획한 대로, 후회 없이 사는 것이 중요하다.

어려운 파인아트의 길을 걸으려면 그만큼의 각오를 하면 된다. 남이 알아주지 않는다고 불평하거나 원망하면 안 된다. 선택한 길에 철학과 각오가 없다면 함부로 도전해서는 안 된다.

생존을 위한다면, 그래서 돈을 벌어야 한다면 철저하게 고객에게 맞추어라. 그리고 고객의 눈을 보고 이야기해야 한다. 생존하려면 고객이 원하는 사진을 해야 한다.

당신이 사진작가라고?

사진업계에게 '사진작가'라는 직함이 빈번히 쓰이고 있다. 사진작가(Photographer)란 사진을 전문으로 찍는 사람을 의미하며, 예술가의 의미가 강하다. 이와 비슷한 의미의 사진가(프로사진가)는 사진관을 운영하여, 증명사진, 가족사진 등을 찍는 일종의 기술자를 뜻한다.

영업을 목적으로 하면서 전시회 한 번도 열지도 않고, 도감집도 내지 않는 분들은 작가가 아니다. 대중이나 다른 단체에 인정받지 못하는 작가제도는 면죄부 성격의 작가증이다. 기준 미달의 작가가 많다는 것이다.

그렇다면 왜 프로사진가와 사진작가를 구분하려는 걸까? 프로사진가의 정체성의 확립이 생존을 결정하기 때문이다. 프로사진가는 이익과 생존을 하기 위해 존재한다. 성격이 다른 사진사와 사진작가의 사상이 어찌 똑같을 수 있단 말인가?

정체성의 혼란으로 인한 결과는 폐업이다. 고객들이 알아주지 않는다고 폐업한 사진가가 수두룩하다. 프로사진가의 불문율로 "사진 잘 찍으면 망해."라는 말이 왜 나왔겠는가?

사진사들은 왜 '작가'라는 타이틀을 좋아할까? 사진작가의 타이틀에는 인정받고 싶은 욕구가 잠재되어 있다. 고퀄리티의 사진이 높은 가격을 받을 거라는 판타지가 존재한다. 그런데 소비자가 알아주지 않는 판타지가 무슨 의미가 있겠는가?

영업사진을 하려면 이미지를 소비하는 가상의 세계에 적응해야 한다. 가상의 매트릭스에서는 매트릭스에 맞는 철학을 가져야 한다.

명작은 사후에 팔리는 경우가 많다. 현실에서 가난하게 살 것인지 부자로 살 것인지는 당신의 선택이다. 프로사진가, 작가를 선택했을 때의 결과를 알고 신중히 판단해야 한다.

작가증이 있다고 해서 반드시 부를 창출하는 것은 아니다. 작가증을 남들이 인정해 주지 않는다고 해서 불평하면 안 된다.

사진가는 가르치고 강의를 하면 실력이 늘어난다. 자신의 무지의 영역을 깨닫기 때문에 실력이 늘어나는 것이다. "내가 어떻게 강의를 해요? 나는 말을 잘 못해요."라는 이유로 강의를 꺼리면 안 된다.

대부분의 사람은 원래 내성적이다. 말을 못하는 것은 생각을 정리하지 못하기 때문이다. 말로만 떠드는 기술자는 자신이 최고인 줄 안다. 더 이상의 발전이 없는 경우이다.

실력보다 강의 자료가 중요하다. 강의 중 자료를 찾느라 정신이 없는 강사가 있다. 실력이 좀 떨어지더라도 PT를 깔끔하게 준비하여 물 흐르듯 준비하는 강사가 최고인 것이다.

같이 일하는 부하직원과 동료부터 가르쳐 보자. 가르치다 보면 자신의 부족함을 깨닫고 더 배우고 싶은 욕구가 생긴다. 또한 정보를 오픈하면 더 많은 정보가 들어오게 마련이다. 전문가로 인정받으면 고급 정보가 들어온다.

전문가는 하나밖에 모르는 절름발이이다. 아는 만큼 모르는 영역이 생기기에 겸손해야 한다.

부자 오너는 직원을 가르친다. 가난한 오너는 혼자 다한다. 부자 오너는 교육 자료를 만든다. 교육 자료는 업무시스템이다. 스튜디오 내부에서 직원들을 가르치고 매뉴얼을 만들어 보자. 직원의 실력은 오르고, 오너의 주머니는 두둑해질 것이다.

직원을 가르쳤다면 스튜디오 밖으로 나가 보자. 10명 내외의 모임에서 강의를 해 보는 것이다. 인맥이 확장되고 양질의 정보가 들어올 것이다. 그리고 양질의 정보가 들어오니, 자연스레 사업은 더 잘된다.

1년에 한 번 50명 이상의 단체에서 강의를 해 보자. 그 강의를 통해 새로운 사람을 만날 수 있다. 정보라는 대박의 씨앗은 사람을 통해 들어온다. 또 강의를 하면 전문성을 인정받으니, 다가서기에도 더 좋다.

인맥을 만드는 이유는 무엇일까? 인맥을 통해 얻는 이익이 있기 때문이다. 상대방도 나에게 이익을 얻기 위해서 나와 인맥을 맺는 것이다. 내 실력이 상승하면 상대방에게 좋은 인맥이 된다.

본업이 안 된다고 강의를 하면 망한다. 본업이 잘돼야 강사의 품격도 올라간다.

필자는 주변 강사들의 자료 정리를 도와주는 것을 좋아한다. 자료 정리를 통하여 상대방의 지식과 경험을 배울 수 있기 때문이다. 지식과 경험을 배우면서 인간적인 교류가 생긴다. 인간적 교류는 다양한 지식과 정보가 되어 나의 경쟁력을 강화시킨다.

남들이 쉽게 따라 할 수 있는 것은 기술이 아니다. 사진업은 과거에 기술 중심이었다. 과연 지금 시대에도 사진업이 기술 중심의 업종일까?

과거 선배나 동료 사진관에 가면 촬영장도 못 보게 하였다. 지금도 그 전통(?)은 무너지지 않고 남아 있는 경우가 많다. 빠르게 변화하는 지금 세상에는 정보를 얻지 않으면 성장할 수 없다. 정보는 살아 있는 생명체와 같기 때문이다.

정보는 갇혀 있으면 사망한다. 정보는 다른 이들과 어울리면서 생명을 유지해 나가는 것이기 때문이다. 사진업계에서 "이것은 나만의 노하우야." 하고 갇혀 사는 사람은 실패하기 마련이다. 성공하는 사람은 남들이 알아도 따라올 수 없는 것을 하는 사람이다.

그렇다면 진정한 나만의 노하우는 무엇일까? 알면서도 하지 못하는 기본기이다.

필자가 좋아하는 방송 프로그램 중 하나가 〈생활의 달인〉이다. 그 프로그램에는 하나같이 평범한 것을 비범하게 하시는 분들의 이야기가 등장한다. 달인은 주위 사람에게 노하우를 가르쳐 주지만, 다른 사람들은 절대 따라 하지 못한다. 그 이유는 무엇일까? 오랫동안 해온 몸이 반응하는 일이기 때문이다.

교류와 소통이 없는 기술 발전은 없다. 진정한 기술은 사소한 일을 비범하게 하는 것이다. 쉽게 따라 할 수 있는 일이 기술일까? 결코 그렇지 않다. 생활의 달인처럼 알아도 따라 할 수 없는 것이 진정한 기술이고 실력이다.

내가 가지고 있는 기술과 능력이 나만의 기술일까? 다시 한 번 돌아보고 생각해 보자.

부자 동네가 장사가 잘된다?

부자 동네에서 장사를 하면 잘될까?

동네 수준을 핑계 대는 경우는 대부분 스튜디오의 수준이 낮은 것이다. 어느 동네건 부자들은 존재한다. 다만 그들이 올 수 있는 준비가 안 된 것이다.

"고객이 고급 외제차를 타고 오면 돈을 안 쓴다."라는 속설이 있다. 주차장에 번쩍번쩍한 외제차가 들어왔으니 고가의 매출을 기대한다. 하지만, 기대 이상의 매출이 일어나지 않는다.

소득수준이 높을 거라는 기대 심리감으로, 강남이나 신도시에 스튜디오 오픈을 많이 했다. 그러나 상당수의 스튜디오들이 문을 닫고 소수가 살아남았다.

실패 원인은 소비자의 소비성 예측의 실패에 있었다. 신도시에서 사업을 하시는 분들의 푸념이 있다. 동네는 부자인데, 지갑을 안 열고 고객들이 쪼잔하다고 한다. 이유는 무엇일까? 결론은 고객들이 쓸 돈이 없다는 것이다.

수도권의 전세 값이 상당히 높다. 살 만하고 인기 있는 지역의 전세 값은 4억이 넘는다. 일반 직장인이 4억을 모으기란 쉽지 않다. 부모님의 도움이나, 대출을 받아야 한다. 빚을 갚느라 여유 있는 소비가 불가능한 것이다.

베이비 사진관은 상대적으로 저소득 지역에서 성공한 경우가 많다. 평소에 잘해 주지 못한 마음을 사진으로 전하는 것이다. 부자는 자녀들에게 이것저것 사 줄 것이 많기 때문에, 군이 사진관에서 돈을 많이 쓸 이유가 없는 것이다.

거기에다 높은 임대료와 인건비가 사업자를 압박한다. 고객들이 돈을 잘 쓸 거라는 판타지가 사업을 망하게 하는 것이다. 신도시는 임대료의 거품이 많다. 상권이 자리를 잡으려면 3년이 걸린다.

수도권과 지방의 스튜디오를 비교해 보자. 똑같은 매출을 올려도 순이익금은 지방이 좋다. 임대료와 인건비의 지출이 순이익에서 차이가 난다. 그렇다고 수도권이라고 해서 사진가격을 더 받는 것도 아니다.

발전하는 시기에는 모든 물건이 잘 팔린다. 성장이 어느 정도 이루어지면 필요한 소비만 한다. 우리는 현재 지출이 없던 소비시대에서 지출이 많아진 시대에 살고 있다. 경기가 어려워질수록 지출을 해야 하는 품목에만 소비를 한다.

내가 위치한 지역에 연봉 7,000만 원 이상인 사람이 얼마나 되는가?

가난한 사람과 부자의 마음 중 누구의 마음을 잘 이해하는지 생각해 보아야 한다. 부자가 많이 보이느냐, 가난한 사람이 많이 보이느냐에 따라 사업의 포지션이 결정된다.

부자 동네에서는 부자를 상대할 만한 언어가 있어야 한다. 말이 통해야 한다는 것이다. 말이 통한다는 것은 부자의 습성을 아는 것을 의미한다. 부자의 생리를 파악해야 부자 동네에서 사업할 수 있다. 결국 나의 생각이 부자가 되어야 부자를 공략할 수 있지 않을까?

6장

경영에 대한 마음가짐

사진은 서비스업인가?

스튜디오가 오픈을 하면 상당수가 서비스업으로 사업자를 낸다. 목적과 시대에 맞추어서 업종신고도 달라져야 한다. 먼저 서비스업, 제조업, 유통업의 사전적 정의부터 간단히 살펴보겠다.

경제학에서는 사고 팔 수 있는 대상이 되는 것을 재화와 용역으로 구분하는데, 재화 즉 물건을 만들어 내는 일을 담당하는 산업을 제조업으로, 또 용역을 만들어 내는 산업은 서비스업으로 분류한다. 그리고 생산자와 사용자의 중간에서 재화나 서비스의 이동을 원활하게 해 주는 중간 역할을 하는 유통업이 있으며, 도매업이나 소매업이 여기에 포함된다.

과거 용역의 가치가 높은 아날로그 시절(90년대)에는 서비스업 성격이 강했다. 일반인이 카메라를 쉽게 가질 수 없었던 시절이기에 용역의 가치는 높았다. 디지털 시대(2000년대)와 스마트폰 시대(2010년대)에는 용역의 가치가 낮아졌다. 찬란했던 아날로그 시대, 디지털 시대에는 편하게 장사한 것이다.

상업적 기준의 철학은 이윤을 창출하는 것, 즉 고객의 기준에 맞추어 이익을 내는 것이다. 경제활동은 시대의 철학을 따라가야 한다. 기술이 하루가 다르게 발전하는 지금 시대에 생존하려면, 어떤 철학을 가져야 할까? 지금은 서비스 철학, 제조 철학, 유통 철학이 필요하다. 철학은 그 시대를 반영한다. 시대에 맞는 철학이 있어야 생존할 수 있다.

서비스 철학은 파는 사람이 기준을 세워야 한다. 맛집은 파는 기준이 명확해서 고객이 맛집의 기준에 따르게 된다. 앞으로 스튜디오의 서비스는 고객 중심으로 이루어질 것이다. 현재 스튜디오는 전체 면적의 80% 이상이 촬영을 위한 공간이다. 고객을 위한 공간이 50%가 넘어야 한다.

스튜디오의 운영시스템은 제조 철학을 지향해야 한다. 사진시장은 일정한 시간과 용역을 투자한 사진가가 부를 창출했다. 고정거래처인 학교앨범, 유치원, 예식장, 산부인과와 거래한 스튜디오가 부를 창출했다. 최대한 제조업처럼 시스템을 구축한 오너가 돈을 벌었다.

사진은 주문생산이다. 제조업처럼 미리 만들어 놓고 팔 수가 없다. 따라서 최대한 생산공정을 단순하게 하는 것이 좋다. 언제 촬영을 하여도 품질이 일정해야 한다. 공장처럼 표준화된 품질관리가 중요하다. 사진을 촬영하기 위해 그때그때 세팅을 하면 시간비용이 많이 들어간다. 최상의 생산성은 시간에서 나온다.

경영관리 면에서는 유통 철학이 있어야 한다. 사진가의 입장에서 팔면 원가로 팔지 못하나, 유통의 입장에서 팔면 원가로 팔 수 있다. 원가뿐만이 아니라 창고비용을 계산하면 원가 이하로도 팔아야 한다.

많은 스튜디오가 '원래 팔면 얼마인데…' 하면서 가격을 내리지 못한다. 가격을 무조건 내리라는 것이 아니다. 역으로 인건비를 제대로 계산하지 못해서 상품가격을 제대로 책정하지 못하는 경우가 많다. 사진의 원가는 인건비를 계산해야 한다.

필자는 출장이 많은 편인데, 대박식당에 가면 마케팅의 영감을 많이 받는다. 대박집은 살아 있는 경제 교과서이다. 그렇다면 사람들이 줄을 서서 먹을 정도로 많은 이들이 찾는 대박집의 서비스는 어떠한가? 불친절한 것은 아니지만 그렇다고 아주 친절하지도 않다. 고수는 방송에 나가는 것도 귀찮아한다. 방송에 나가지 않아도 손님이 많기 때문이다.

맛집의 특징은 어떠할까? 맛집에 들어서면 "몇 명이시죠?"라고 물어본다. "뭘 드시겠어요?"라고 물어보지 않는다. 그리고 자리에 앉자마자 기본반찬이 나온다. 메인요리도 빨리 나온다. 추가 메뉴는 고객이 알아서 주문한다. 그리고 지인의 소개로 간 고객은 다음에 올 때 새로운 고객을 데려온다.

맛집은 월세비용이 저렴한 외진 곳에 위치한다. 오랫동안 버티며 장사해 온 집이다. 오랫동안 해온 곳이니 품질이 좋다. 많이 팔리니 회전율이 좋아서 재료가 신선하다. 그야말로 메뉴 자체가 마케팅이다.

영업의 고수와 하수의 차이를 살펴보자. 하수, 중수, 고수로 분류하겠다.

하수는 고객을 따라다닌다. 판매자가 고객에게 사정을 하며 사 달라고 한다. 중수는 고객이 소개로 온다. 판매자와 소비자가 서로의 필요에 의해 교환된다. 고수는 고객이 아쉬워서 찾아온다. 고객이 아쉬워서 물건을 사는 것이다. 고수는 대박 친절하지 않다. 품질이 대박인 것이다.

고수도 처음에는 하수였을 것이다. 고객이 많이 올 때까지는 하수이다. 스튜디오도 마찬가지로, 브랜드 이미지가 쌓이기 이전까지는 인내심을 가지고 있어야 한다. 아니, 바짝 엎드려야 한다. 고수가 될 때까지 인내해야 한다.

사람들이 찾아오고 일이 많아지면 고수가 되고 있는 것이다. 예약을 해야 촬영을 할 수 있는 것이다.

고객을 대할 때 말은 정중하게 "죄송하지만"이다. 여기에서 '죄송'의 뜻은 "고객이 많아서 우리의 기준을 따라야 합니다."이다. 서비스의 기준은 스튜디오가 된다.

사진관의 오너와 직원들을 만나면, 고객 중 진상이 많다고 하소연한다. 내가 아쉬우면 하수고, 상대가 아쉬우면 내가 고수이다. 진상은 내가 실력이 없을 때 발생한다. 진상을 없애는 방법은 내가 실력을 키우는 것이다. 고수가 되려면 배우고, 실천하고, 고민하여 내공을 키워야 한다.

맛집(고수)을 가서 무엇이 다른지 식사를 하면서 살펴보자. 막막할 때 최고의 아이디어가 생긴다. 맛집은 메뉴가 단순하기 때문에 음식 자체가 마케팅이다. 시스템이 단순하기 때문에 생산성이 좋다. 생산성은 인건비 절약으로 이어진다.

　스튜디오의 메뉴는 몇 가지인가? 당신의 스튜디오는 고수인가? 고수가 되려면 고객을 세 번 감동시키자.

　첫 번째, 촬영할 때 감동시키자.

　촬영 과정에서 행복하고 유쾌한 대화가 오가야 한다. '하나둘'만 외치면 고객이 얼어붙기 쉽다. 자연스러운 표정을 잡을 수 없다. 고객과의 대화가 있어야 한다.

　대화를 하려면, 그리고 남녀노소의 감정을 읽으려면 다양한 간접경험이 필요하다. 간접경험은 여행, 독서, 사람 간의 대화 등을 통해 내공이 쌓여 간다.

　다양한 연령과 직업에 대한 경험을 모두 할 수는 없지만, 고객에게 질문은 할 수 있다. 고객의 관심사에 질문을 할 줄 알아야 한다. 그리고 고객의 이야기에 끄덕여 주어야 한다. 그것이 진정한 소통이다. 이때 아는 척, 유식한 척은 금물이다. 고객과 어우러지는 대화, 고객과 흥이 나는 대화를 해야 한다.

　대화를 하려면 촬영 준비를 미리 해야 한다. 소품, 조명, 의상은 미리 완벽하게 세팅되어야 한다. 노출계의 사용은 정확한 빛의 양을 계산한다. 아울러, 프로사진가의 전문성도 한층 높여 준다. 촬영할 때 전문적인 모습을 보여 주어야 한다.

　촬영 과정에 고객과 교감을 해야 한다. 고객과의 소통이 중요하다. 고객에게 전문성으로 믿음감을 주어야 한다.

두 번째, 사진을 보여 줄 때 감동시키자.

사진을 촬영이 끝난 후 사진을 보며 감동을 주어야 한다. 디지털 시대에는 사진을 바로 보여 줄 수 있다는 장점이 있다. 사진을 보여 줄 때 대화를 통해서 고객과 즐겁게 소통해야 한다. 사진을 보여 줄 때 말없이 기계적으로 보여 주는 사진가는 자격이 없다. 고객의 눈을 보고 공감을 하며, 소통을 해야 한다.

사진은 기준점이 있어야 한다. 샘플이 잘 나와야 한다. 샘플은 잘 나왔는데 내가 지금 작업한 사진이 별로면 안 된다. 고객이 생각한 사진을 주어야 한다. 더 좋은 사진이라고 해서 고객의 생각과 다른 것을 주면 안 된다.

세 번째, 고객이 완성품을 보고 감동해야 한다.

사진을 찾으러 와서 "와! 잘나왔다."라는 감동이 있어야 한다. 완성품을 보기 전에 사진을 미리 볼 수 있다. 마무리 작업을 꼼꼼히 하여 감동을 주는 것이 중요하다. 포장에도 신경 써야 한다.

네 번째, 집에 가서도 감동이 있어야 한다.

집에 액자를 걸어 놓았는데 주변 사람들이 "이 사진 어디서 찍었어?"라고 묻는다면, 소개해 주는 고객도 마음이 기뻐지는 순간이 된다.

인테리어를 바꾸면 매출 상승?

스튜디오에서 매출이 떨어지는 이유는 무엇일까? 통상적으로 사업은 3년 이상 된 아이템을 써서는 안 된다. 더욱이 지금 시대는 변화가 빠르기 때문에 3년 가지고는 어림도 없다.

매출이 떨어지는 근본적인 이유는 필요성이 없어지기 때문이다. 즉, 고객이 구매해야 할 이유를 느끼지 못하기 때문이다. 구매욕이 생기게 하려면 신상품, 저렴한 가격 등 고객이 필요한 제품인지를 스스로 생각할 수 있게 해야 한다.

스튜디오에서 매출이 하락하면 인테리어를 한다. 인테리어를 하면 자신감도 생기고 고객들도 만족을 한다. 그런데 고비용이 드는 인테리어가 근본적인 대처 방법일까?

인테리어를 하는 것은 현실을 부정하고 쉽게 가려는 심리이다. 근본적인 처방을 하기는 싫은 이유를 인테리어로 심리적 보상을 하는 것이다. 그런데 인테리어 후 많은 금액의 투자로 대부분이 후회한다. 문제는 이러한 일들이 반복적으로 일어난다는 것이다. 그렇다면 장사가 안 될 때 무엇을 하는 것이 좋을까?

첫 번째, 기본기를 점검해야 한다.

조직 관리가 엉망이고 직원들이 통제가 안 된다면 오너가 일찍 출근해야 한다. 오픈시간보다 1시간 일찍 나오면 된다.

매출이 떨어지거나 상승하지 않는 경우를 살펴보면, 대부분 관리자가 늦게 출근한다. 아침 일찍 출근하여 하루 일과를 점검하고 오늘은 무엇을 해야 하는지 생각해야 한다. 오전의 1시간은 오후의 4시간과 같다.

두 번째, 매출 목표를 설정하라.

지방의 ○○스튜디오를 컨설팅 할 때의 일이다. ○○스튜디오는 학교 앞에 위치하다 보니 증명사진이 많은 스튜디오였다. 여러 가지 품목을 취급하느라 특별한 매출이 없는 스튜디오였다.

우선 증명사진부터 월 1,000개를 촬영하라는 미션을 주었다. 매일 전날까지의 숫자를 아침마다 칠판에 적어 놓고 확인하였다. 첫 달은 850개를 하였는데, 전년도 같은 달에 비해 100개가 상승되었다.

"지난달 통계는 의미가 없습니다."라고 말씀을 드리고, 매일매일 목표량을 확인하라는 미션을 체크하였다. 숫자를 체크하니 조금씩 상승하더니, 6달이 지나자 꾸준히 목표를 달성하게 되었다.

통계를 내다 보니 부가적인 이익도 생겼다. 직원들이 목표를 위해 자체적인 시스템을 연구하고 실행한 것이다.

인테리어를 하기 전 자신의 소소한 단점부터 개선하자. 진짜 원인은 나 자신에게 있는 것이다.

돈 버리는 행동은 돈을 쓸 생각을 먼저 한다는 것이다. 인테리어, 의상, 소품, 카메라 등을 바꿀 생각만 한다. 물건을 스튜디오에 들여 놓는다고 해서 고객이 오는 것이 아니다. 지출만 늘어나는 것이다. 돈을 벌기 위해서는 비용 대비 수익을 얻는 생각을 해야 한다.

그럼에도 불구하고 이러한 현상이 일어나는 것은 좋은 사진을 얻고자 하는 사진가의 욕심 때문이다. 좋은 사진만이 고객을 감동 시킬 수 있다는 착각에서 비롯된 것이다.

물론 좋은 인테리어, 좋은 장비가 도움이 안 되고 필요가 없는 것은 아니다. 그러나 기술(파인더)만 보면 사람(아이컨택)을 볼 수 없다는 것을 알아야 한다.

그렇다면 돈을 벌 수 있는 방법은 무엇일까? 양질의 정보를 통한 개선이다. 그리고 그 개선을 위한 첫걸음은 사람을 만나는 것이다. 나보다 잘난 사람을 만나서, 생각이 어떻게 다른지 깨달아야 한다.

스튜디오 안에서 걱정만 한다고 문제가 해결되지 않는다. 사람을 통해 배우고, 깨닫고, 느껴서 내면의 자신을 깨워야 한다. 그리고 사람을 만나고 나면 실천 계획을 세워야 한다. 고객과 유쾌한 대화를 나누어 고객의 마음을 훔칠 궁리를 해야 한다.

고객의 서비스 만족이 완성된 후에도 투자를 해서는 안 된다. 지금 당장 필요한 것인지, 나의 부족한 점이 보완되는지 살펴보아야 한다.

필자는 〈서민갑부〉라는 방송 프로그램을 좋아한다. 이 프로그램을 보면서 느낀 점을 전하고자 한다.

첫째, 한 가지 일을 오랫동안 했다. 사진업에서도 이것저것 손대는 분이 있는데, 꾸준히 하는 분들을 이기기 어렵다. 돈은 꾸준히 불러들여야 살이 붙는다. 일시적으로 벌었다고 해서 살이 붙지 않는다.

둘째, 갖은 역경을 이겨 냈다. 위기는 누구에게나 찾아온다. 문제는 위기에 대하는 대처 방법일 것이다. 냉철하게 자신의 문제점을 파악하고 개선하는 것이 해결에 도움이 된다.

셋째, 폼 나는 것보다는 가성비 좋은 장사를 했다. 남의 말에 혹하지 않고 자신만의 길을 갔다는 점이다. 제품과 서비스에 완벽을 기하고, 자신을 채찍질한 것이다.

결국 나를 이기는 것이 승리하는 비법이다. 창업할 때 돈 버리는 행동과 버는 행동은 무엇인지를 잘 알고, 지출 비용을 줄여야 한다.

"확장을 하면 망한다?", "폼 잡다가 죽는다."는 말이 있다. 실속이 없다는 뜻이다. 스튜디오가 조금 잘되면 확장을 하거나 분점을 내고는 망한다.

확장해서 망하는 이유는 고정비용을 감당하지 못하는 경우가 많다. 1년 12달 중에 3달만 장사가 안 되면 손실이 커지기 때문이다. 수익과 더불어 지출도 생각해야 하는데, 수익성만 생각한다면 망하기 딱 좋다.

확장을 하면서 인건비, 임대료, 인테리어 등의 투자비용이 늘어난다. 매출이 동반 상승하면 좋겠지만, 대부분은 그렇지 못하다. 특히 대형으로 확장하는 경우에는 고정거래처가 필요하다. 고정거래처가 확보되어도 착실한 관리와 유지비용이 들어간다.

분점을 내는 경우는 대부분 관리 문제로 망한다. 한 개를 운영할 때보다 관리가 안 되는 것이다. 두 개를 운영하면서 본점보다 분점에 더 많은 신경을 쓰다 보니, 본점이 죽어 가고 고객의 불만이 생긴다. 그리고 본점이 흔들리니 자연스레 자금 사정이 좋지 않게 된다.

분점을 내기 위해서는 충분한 준비가 필요하다. 업무의 표준화와 직원의 충분한 교육시스템이 바로 그것이다. 책임자는 사업파트너로 생각하고 합당한 수익을 나누어야 한다. 보수는 직원처럼 주고, 업무는 오너처럼 책임감을 준다면 망할 수밖에 없다.

통상 지점을 본점보다 크고 화려하게 하는 경우가 많다. 그러나 이보다는 본점을 이전확장을 한 후에 지점을 작게 만드는 것이 좋다. 또, 스튜디오를 확장하거나 분점을 낼 때는 매각에도 신경을 써야 한다. 스튜디오 규모가 너무 크면, 만일의 경우 매각이 힘들기 때문이다.

성장앨범을 하는 베이비스튜디오는 더 큰 문제가 있다. 고객에게 받은 성장앨범의 잔금 문제이다. 정상적인 스튜디오라면 분납으로 받는 것이 정상적이나, 경영이 어려운 스튜디오는 완납으로 받는다. 이 때문에 자금 사정이 악화되어 매각할 때 문제가 생긴다. 오히려 더 주고 정리해야 하는 상황이 오는 것이다.

스튜디오 창업은 늘 매각을 염두에 두고 해야 한다. 기존의 스튜디오 경영자 또한 확장이나 분점을 낼 때 반드시 매각도 염두에 두어야 한다. 경기가 불황이고 저성장 시대에는 더욱 신중해야 한다.

인사가 만사

영국의 새클턴은 남극탐험을 하다가 조난을 당한다. 당시 영국은 1차 대전을 치르느라 조난선을 보낼 수 없었다. 악조건에서 새클턴경은 부하들을 모두 구해 냈다. 그가 출발 전에 남극탐험을 함께할 구인 모집을 위해 작성한 안내문을 보자.

"목숨을 건 탐험에 동참할 사나이 구함.

쥐꼬리만 한 수입에 지독한 추위.

완벽한 어둠 속에서 반복되는 위기에 맞서 수개월을 보내야 함.

무사귀환 보장 못함. 보상은 성공 후의 영광과 인정뿐."

– 어니스트 섀클턴

이 글귀를 읽고 멋지다고 생각한 이들만 자원했음은 당연한 일이다. 태생적으로 극복하기 힘든 역경을 사랑하는 사람들이었다. 지원자들은 모두 생존했다. 섀클턴이 자신과 신념을 공유하는 사람들만 채용했기에 가능한 일이었다.

스튜디오에서 직원을 구할 때 통상적인 문구를 많이 쓴다.

"가족처럼 일하실 분"

스튜디오의 철학이 하나도 느껴지지 않는 뻔한 문구이다. 오너가 철학을 가지고 자기 소신과 감정을 구인광고에 표현해야 한다. 광고문구, 사진촬영업무, 상담업무 모든 행위에 철학이 있어야 한다.

직원을 뽑을 때 기술만 보고 채용하는 경우가 많다. 태도를 보고 뽑아야 한다. 기술은 언제든지 가르칠 수 있지만 태도는 바꿀 수 없기 때문이다.

그런 면에서 구인에 있어서도 철학이 있어야 한다. 면접을 볼 때는 회사 소개서가 있어야 한다. 구인자가 이력서와 자기 소개서를 지참하듯, 직원들이 오고 싶어 하는 스튜디오가 되어야 한다. 소문이 좋아야 한다.

그리고 저 스튜디오에 근무하면 비전이 있다는 판타지를 심어 주어야한다. 스튜디오는 다른 업계와 달리 급여를 많이 줄 수 없는 환경이다. 따라서 창업할 수 있고 배울 수 있다는 판타지가 있어야 한다.

기술 중심으로 채용하는 경우가 많은데, 채용할 때는 세 가지를 중점으로 보아야 한다.

첫 번째로 보아야 하는 것이 웃는 얼굴이다. 서비스업에서 웃는 얼굴은 굉장히 중요하다. 서비스업이 아니더라도 웃은 얼굴은 중요하다.

두 번째로 보는 것이 컴퓨터의 활용능력이다. 컴퓨터는 타자수가 어느 정도 되어야 한다. 자판이 익숙하지 않으면 다른 것을 배울 수 없다.

세 번째로 보는 것은 정리정돈 능력이다. 정리를 안 하고 재능이 있는 친구들은 오래가지 못한다. 폼만 잡으려고 한다.

스튜디오 운영에 있어서 촬영팀에 포커스를 맞추면 경영이 힘들어 진다. 사진의 품질이 운영에 결정적인 영향을 주지 않기 때문이다. 경영에 있어서 사진은 두 번째다.

○○스튜디오 오너에게는 사진을 잘 찍는 직원이 있었다. 사진을 잘찍는 직원에게 마니아 고객층이 생기게 된다. 전체 고객에서 마니아 30%에 자부심을 느끼는 직원이었다.

그 직원은 다른 직원들과 마찰이 있었는데, 그것은 촬영보조를 무시한다는 점이었다. 그는 다른 직원들과 생각이 달랐는데, 직원들보다 오너와 생각이 달랐다는 것이 큰 문제였다. 아기가 토를 하면 다른 직원들이 물티슈나 아이를 돌봐 주었는데, 그 직원은 그때마다 사진기만 쳐다보았다. 서비스에 대한 개념이 없었던 것이다.

오히려 자신이 퇴사하면 회사가 어려울 거라는 쓸데없는 걱정을 하였다. 오너가 원하는 것을 이해하지 못한 직원이었다. 결국 그 직원은 해고되었다. 그 후 새로운 기술은 외부강사 외부전문가를 모셔서 해결하였다.

촬영자와 달리 상담자는 고립시키면 안 된다. '매출은 혼자 올리는 것이 아니구나!'라는 인식을 주어야 한다.

직원들의 장점을 살려 주기 위해서는 잘하는 일을 만들어 주는 것이다. 직원들이 잘 못하는 것을 잘하게 하지 않고 잔소리는 하지 않아야 한다.

스튜디오 운영은 화합이 우선이다. 한 사람 때문에 여러 직원이 피곤하다면 내보내야 한다. 화합을 하려 하는 친구는 오너가 기다려 주어야 한다.

오너는 직원 생활할 때에도 남들과는 다르다. 누구나 열심히 하지만 마음가짐에서 차이가 난다. 직원임에도 창업을 했다 생각하고 움직여야 한다. 직원 생활을 대충한 사람은 창업을 해도 대충한다. 개 버릇 남주지 못하기 때문이다.

필자는 직장 생활을 하는 후배들에게 조언을 한다. 직원일 때 사비를 들여 교육을 받고 인맥을 쌓으라고 말이다. 무언가를 얻으려면 무언가를 포기해야 한다. 경영이 어렵다면 포기할 것과 집중할 것에 대한 구분과 결단을 해야 한다.

150만 원 받는 직원은 취업이 쉽다. 하지만 250만 원 이상 받는 직원은 취업이 힘들다. 150만 원일 때는 가격 대비 능력이 좋다. 문제는 250만 원이 넘어가면서 생기게 된다.

오너는 많이 줄수록 소위 본전이 생각나게 마련이다. 이직을 할 때는 자신이 받았던 기준의 금액을 받으려고 한다. 새로운 곳에서의 기대감은 크다. 자신의 몸값을 업그레이드 하지 않으면 지속 가능하지 않다. 자신이 250만 원 이상을 받는다면 원하든 원하지 않든 업그레이드해야 한다.

오너 또한 마찬가지로 자신만의 직원 채용 철학을 구축하여 직원들에게 건강한 판타지를 주어야 한다. 직원에게 비전을 줄 수 없다면 경영은 힘들어질 것이다.

PART 3

실천

시간을 정복하고 사람을 만나고 계획대로 실천하자.

시간을 정복하고 사람을 만나고 계획대로 실천하자.

현실을 깨닫고 변화할 마인드가 생겼는가? 원하는 것을 얻기 위해 실천만 남았다. 실천하기 위해서는 뚜렷한 목표가 필요하다. 돈을 버는 이유가 무엇인지? 번다면 얼마만큼 벌고 싶은지? 벌기 위해 실행해야 하는 것은 무엇인지? 위기가 왔을 때 대처능력은 무엇인지? 목표가 있어야 한다.

목표가 없는 경우는 생각할 시간적 여유가 없는 경우가 많다. 책을 1시간 읽었다면 생각은 3시간 동안 해야 한다. 매일 반복되는 일을 하고 생각할 시간은 얼마나 되는가? 스마트폰과 텔레비전에 뇌의 기능은 상실하고 있다. 생각할 시간이 없는 것이다.

목표를 세우고 주변에 공개하면 억지로라도 목표를 세우고 생각을 하게 된다. 목표를 거창하게 세우지 말고, 작은 목표부터 세워 보자.

현실을 파악하고 변화하고자 한다면 실제 모델을 보아야 한다.

즉, 타 스튜디오를 보아야 하는 것이다. 타 스튜디오를 직접 보는 것이 최고의 공부이다. 인터넷을 뒤적거리고, 세미나 몇 번 다닌다고 해서 얻어지는 정보는 질적으로 떨어진다.

스튜디오를 꾸미기 위해 하드웨어에 돈을 처바르기 전에 설계도를 만들자. 백문이 불여일견이라고 타 스튜디오를 견학하자. 견학하고 나면 인맥이 생긴다. 인맥이 생긴다는 것은 답답할 때 물어볼 데가 생긴다는 것이다. 자본이 많아도 정보는 소중하다. 사람을 통해 정보를 얻고 시장의 흐름이 어떻게 움직이는지를 파악해야 한다.

실천을 하는 데 큰 걸림돌은 시간이다.

먹고살기 위해 시간을 쓰기 때문에 공부하려면 시간을 내기 어렵다. 시간을 내기 위해서는 시간을 기록하고 관리 · 통제해야 한다. 실천의 걸림돌은 시간이다.

문득 생각하기에는 돈은 없지만 시간이 많다고 착각한다. 성공한 사람들은 시간을 금쪽처럼 사용한다. 가난한 사람이 시간을 물 쓰듯 한다. 대부분의 무기력한 사람들이 시간이 무한정 많은 것처럼 행동한다.

시간이 48시간이면 2배로 돈을 벌 수 있다. 실천을 하고 싶지만 시간이 없다고 불평한다. 실천하려면 시간을 확보해야 한다. 무엇인가를 포기해야 시간이 확보되는 것이다. 남들 하는 것 다 좋아서 하면 시간이 확보되지 않는다.

7장

시간이 돈이다

시간은 돈일까?

부자 오너는 기본기가 튼튼하고 시간 관리가 잘되어 시간이 많다. 사람을 평가할 때 약속시간만 봐도 그 특징이 바로 나타난다. 부자 오너는 계획적으로 시간을 분배한다. 반면, 가난한 오너는 급한 일들이 많이 생긴다. 가난한 오너는 왜 급한 일이 많이 생길까? 운이 나빠서일까?

부자 오너는 휴식도 목표와 계획에 있다. 일에 집중하고 나머지 시간에는 여유를 갖는다. 부자 오너에게 밥을 먹자고 하면 빠른 시일 내에 밥을 먹는다. 반면 가난한 오너는 한 달이 지나도 소식이 없다. 부자인 오너는 술 먹자고 하면 시간이 많다. 반면 가난한 오너는 시간이 없어서 만나기 힘들다.

왜일까? 정리가 안 되고 기본기가 없으면 돌발 상황이 발생하게 마련이다. 그러나 주변을 잘 정리하고 계획성 있게 일하면 돌발 상황이 거의 없다.

혼자만 바쁘면 주위 사람에게 화를 자주 낸다. 자신은 바쁜데 주위 사람은 한가해 보이기 때문이다. 부자인 오너는 직원이 일하고, 가난한 오너는 오너가 직접 한다. 부자인 오너는 시스템을 구축해서 직원의 손을 빌릴 줄 알기 때문이다. 그에 반해 가난한 오너는 장사가 안 되어서 직원도 없이 혼자 일을 한다. 몇 번 잔소리하다가 그나마도 나갈까 봐 꾸역꾸역 혼자 일을 다한다. 직원이 있어도 모시고 살아가기에 더더욱 시간과 여유가 없다.

그렇다면 부자 오너들의 특징을 살펴보자.

1. 내가 해야 할 일과 직원에게 위임할 일을 구분한다.
2. 즉시 처리해야 할 일을 미루지 않는다.
3. 오전에 일을 집중력 있게 처리를 한다.
4. 숫자가 빠르다(셈이 빠르다).
5. 계획을 세우고 메모를 한다.

시간이 돈이라는 말이 있다. 과연, 시간이 돈일까?

머리로는 시간이 돈이라는 인식을 모두가 한다. 하지만, 마음이나 습관으로는 인식을 못 한 경우가 많다. 시간이 돈이라면 기록하고 통제할 줄 알아야 한다.

필자가 강의할 때 사람들에게 질문하는 것이 있다. 첫 번째 질문은 돈 많이 있냐는 것이고, 두 번째 질문은 시간이 많이 있냐는 것이다. 그럼 대부분 사람들이 시간도 없고 돈도 없다고 대답한다. 왜 시간과 돈이 없을까?

시간과 돈의 위에서 관리하는 사람은 주인이다. 시간과 돈의 아래에 있는 사람은 하인이다. 시간과 돈에 군림하여 주인이 되는 방법이 있다. 바로 기록을 하는 것이다. 시간과 돈을 어떻게 쓰는지 메모를 하면, 내가 쓴 시간과 돈이 보인다.

시간은 한정되어 있다. 사진 또한 주문 생산으로, 하루에 촬영하는 양이 정해져 있다. 이 정해진 양을 어떻게 관리하느냐에 따라 시간을 돈으로 만들 수 있는 것이다. 한 달에 내가 할 수 있는 양을 정해 보자.

예를 들어서 하루에 내가 촬영하는 양이 6개의 촬영이라고 가정해 보자. 1개의 촬영당 10만 원의 마진이 남는다고 가정하면, 하루 6개를 촬영을 하니 60만 원의 이익이 난다. 1일 60만 원의 마진에 20일을 일한다고 계획을 세운다. 그럼 총 1,200만 원의 이익금이 생긴다. 20일은 일하고 나머지 10일은 가족들과 여행을 한다. 또는 내가 하고 싶은 일을 할 수도 있다.

사람들은 얼마 벌고 싶으냐고 하면 "많이 벌고 싶다."고 이야기 한다. 그런 바람만으로는 결코 이루어질 수 없다. 계획을 잡고 역산으로 계산해야 한다. 역산으로 계산하면 오늘 해야 할 일이 나온다.

시간이 없다고 핑계 대거나 징징거리지 말자. 하루 24시간을 초로 나누면 86,400초이다. 우리에게는 매일 아침 86,400원의 현찰이 입금된다. 이 돈은 저축이 되지 않는다. 우리 모두는 이 돈을 오늘 하루 안에 다 써야 한다.

내 몸값을 측정해 보자. 한 달에 1,000만 원을 버는 오너를 가정해 보자. 20일을 일한다고 가정했을 때, 하루 50만 원을 벌게 된다. 하루 8

시간을 일한다면 1시간에 62,500원을 버는 것이다.

500만 원을 버는 A와 100만 원을 버는 B는 같은 일을 한다면 손해다. 물론 A가 실력이 월등하여 생산성이 좋다거나 고가의 제품을 생산한다면 이야기는 달라진다. 이는 화장실을 한 번도 안 가고 일만 했을 때의 수치이다.

이번에는 스튜디오 몸값을 측정해 보자. 아무 일도 하지 않고 매출이 없어도 스튜디오 자체는 항상 돈을 쓰고 있다. 월세, 인건비, 관리비, 나의 생활비를 항상 지출하고 있기 때문이다. 상기의 내 몸값과 같이 계산을 해 보자. 한 달에 20일을 일한다고 가정하면, 하루 50만 원이 지출된다. 매일 아침 50원 씩씩 뿌려 댄다고 생각해 보자.

다음은 공간을 계산해 보자. 월세가 500만 원이라고 가정하고, 스튜디오 평수가 100평이라고 가정을 한다면 평당 5만 원이다. 쓸모없는 물건이 있다거나, 방치를 하는 공간이 있다면 평당 5만 원씩 매달 지출되는 것이다.

다음은 공간비용을 살펴보도록 하자. 스튜디오 내에 쓸데없는 물건을 쌓아 둔 공간이 있는가? 스튜디오는 돈을 버는 공간이다. 돈을 버는 공간에 물건을 쌓아 두면 지출이 되는 것이다. 쓸데없는 물건을 치우고, 정리 정돈하여 공간을 확보하는 것이 돈을 버는 길이다. 직원과 고객이 편안함을 느끼는 공간, 돈 벌 수 있는 공간이 되는 것이다.

예를 들어서 20평의 공간에 100만 원의 월세라고 가정해 보자. 1평당 5만 원의 공간비용이 계산된다. 1년이면 60만 원의 지출이 된다. 거기에다가 보이지 않은 기회비용은 더욱 커진다.

부자들은 신용카드를 쓰지 않는다. 신용카드는 외상이라서 싫어한다. 신용카드 사용자의 상당수가 제 날짜에 상환을 못한다. 할부를 하고 나중에 날아오는 고지서의 숫자와 금액을 인식하는 사람은 별로 없다. 항상 신용카드 고지서는 내 생각보다 많이 나오기 때문이다.

돈을 관리하고 싶다면 현금(체크카드)을 쓰는 것이 좋다. 물론 신용카드의 경우, 마일리지나 혜택이 많다고 한다. 혜택이 많은 듯하나, 내가 기분이 좋아서 외상을 하는 것이 더 크다.

시간과 돈은 기록하고 통제할 줄 알아야 주인이 된다. 따라서 시간과 돈을 아끼고 계획성 있게 사용해야 한다. 부자가 신용카드를 싫어하는 경우는 계산이 안 되어 통제가 되지 않기 때문이다. 오너라면 시간비용의 숫자가 항상 머릿속에 있어야 한다.

그렇다면 사진의 원가는 어떻게 산출할까? 스튜디오를 운영하면서 제일 많이 지출이 되는 것은 인건비이다. 그다음 지출이 많이 되는 항목은 임대료이다.

순이익을 말할 때 3가지 항목을 생각하지 않는 오너가 있다. 그것은 바로 오너인건비, 세금, 재투자 비용이다. 상기의 3가지 항목과 지출비용을 뺀 나머지가 순이익금이다. 원가 계산의 기준이 어떠냐에 따라 큰 차이가 나는 것이다.

이 3가지를 생각하지 않는 경우는 내가 일하면 공짜라는 생각이 있는 것이다. 직원이 하건 오너가 하건 인건비가 시간이라는 생각을 해야 한다. 시간이 돈이라고 생각한다면 업무의 공정을 단순하게 해야 한다.

즉, 손이 많이 가는 것, 시간이 많이 드는 것을 제거해야 한다는 것이다. 이를 위해서는 포토샵, 출고, 촬영업무의 공정을 줄여 나가야 한다. 사진 한 장 수정 1초만 단축해도 전체적으로 보면 엄청난 차이가 난다.

공정을 단순하게 하려면 어떠한 노력이 필요할까? 일단 내가 하는 일에 대한 메모가 필요하다. 메모를 한 다음에는 소요시간을 체크한다. 시간 체크 후에는 이 과정이 반드시 필요한 것인지 살펴보아야 한다. 반복적인 일, 기계적으로 단순화된 일이라면 개선은 필수다.

업무를 단순화시키면 노동력이 줄어든다. 노동력이 줄어든다는 것은 시간을 아낀다는 뜻이다. 시간을 아낀다는 것은 인건비 지출의 감소를 의미한다. 매출을 올려서 이익을 창출하는 것도 중요하다. 그러나 시간을 줄여서 이익을 창출하는 것은 더더욱 중요하다.

시간이 돈이라는 계산을 해 보자. 오너인건비, 직원인건비, 월세를 더한 고정지출 비용이 있다. 매출에 상관없이 지출되어야 하는 비용이다. 상기의 3가지 비용을 잘 계산을 해야 순이익이 커진다.

오너인건비, 직원인건비, 월세비용이 1,000만 원이라고 가정해 보자. 한 달에 25일 근무를 한다고 가정하면 1일 40만 원이 지출된다. 1일 8시간 근무를 한다고 가정한다면 시간당 5만 원이 지출된다. 즉, 1시간을 허비하면 5만 원이 없어지는 것이다.

불경기에 매출을 올려서 이익을 창출하는 것은 상당히 어렵다. 그러나 지출을 한번 줄이고 나면 매달 순이익금이 늘어난다. 지출을 줄이는 것이 매출을 올리는 것보다 쉽다.

오너는 돈이 없다?

사진모임에 가면 사진가들은 매출 자랑하느라 정신이 없다. 그럼에도 절반 이상의 사진가는 모아 놓은 재산이 별로 없다. 돈을 모으지 못한 이유가 무엇일까?

그것은 바로 내 돈과 남의 돈을 구분하지 못하기 때문이다. 준비된 스튜디오는 이익이 목적이다. 돈을 모으기 위해 다음 3가지를 눈여겨 살펴보자.

첫 번째, 오너도 급여를 받아야 한다.

오너라고 해서 손에 집히는 대로 돈을 써서는 안 된다. 매출이 발생하고 통장에 돈이 들어오면, 모두 내 돈이라고 생각하기가 쉽다. 오너도 일을 하면 급여를 받는다는 생각을 해야 한다.

급여 책정을 한다는 것은 스튜디오 공금을 마음대로 써서는 안 된다는 것을 의미한다. 활동비나 인건비 이외의 돈을 사용할 경우에는 회사 돈을 차용한다는 마음이 있어야 한다. 즉, 회사 돈을 빌려 온다는 생각을 해야 하는 것이다.

인건비로 집에서 필요한 생활비를 충당해야 한다. 집에서 필요한 생활비를 절대 회사 돈에서 쓸 생각을 하면 안 된다.

두 번째, 기회비용을 생각해야 한다.

사업을 하는 데 1억 원을 투자를 가정해 보자. 1억 원을 주택 구입, 예금 등 다른 곳에 투자할 기회를 상실한 것이다. 다른 곳에 투자를 하였다면 수익이 발생할 기회를 놓친 것이다.

내 건물에서 스튜디오를 운영해도 마찬가지이다. 만약 세를 주었다면 이익금이 발생했을 것이다. 따라서 투자금액을 회수하기 전까지는, 투자비용에 대한 이자와 금융비용을 수익에서 차감해야 한다.

세 번째, 세금은 내 돈이 아니다.

1,000만 원을 벌었다면 부가세 10%인 100만 원은 내 돈이 아닌 것이다. 부가세가 올라가면 종합소득세도 올라간다. 대략 5%로 잡으면 부가세10%와 함께 15%의 돈은 내 돈이 아닌 것이다.

네 번째, 재투자 비용.

감가상각도 원칙적으로 충당금에 포함된다. 스튜디오를 운영하는 데 있어 인테리어, 의상, 소품, 카메라, 컴퓨터 등은 일정 기간이 지나면 재 구매해야 한다.

충당금이란 차기 이후의 지출할 것이 확실한 특정 비용에 대비하여, 미리 각 기간의 대차 대조표에 부채항목에 미리 계산하여 올리는 금액을 말한다. 세금과 재투자 비용은 충당금 통장에 보관하여야 한다. 부가세, 종합소득세, 직원퇴직금은 앞으로 지출을 해야 하는 돈으로서 보관해야 한다.

수익이 들어오면 모두 내 돈이라고 생각하기 쉽다. 그러나 세금과 재투자 비용, 고정지출비용, 인건비등을 제외한 나머지 돈이 내 돈이다. 많은 매출을 올리는 것도 중요하나, 충당금과 저축액을 올리는 것은 더욱 중요하다.

매출은 오르는데 돈이 없다? 이유가 무엇일까?

첫 번째, 사진가의 계산기가 잘못 설정되었다. 계산기가 잘못된 경우는 세금, 자신의 급여, 재투자 계산에는 없다는 것이 문제이다.

두 번째, 인건비는 시간이다. 지출 비용에서 가장 큰 것은 인건비이다. 앞선 시간에 시간의 중요성에 대해 이야기하였다. 내가 하건 직원이 하건 쓸데없는 업무의 시간을 줄여야 한다.

세 번째, 기록하고 통제해야 한다. 현장에서 매출현황이나 이익금을 물어보면 장부를 찾는 경우가 많다. 매출 현황은 장부가 아닌 오너의 머릿속에 있어야 한다. 기록을 수시로 하지 않기 때문에 통제를 못하는 것이다. 기록을 하고 수치에 밝으려면 엑셀을 정복하면 된다.

아날로그 시대(1990년대)에는 경영이라는 관념이 없었다. 대충 운영해도 이익이 많이 남았기 때문이다. 그러나 디지털 시대(2000년대)와 스마트폰시대(2010년대)에 오면서 마진율이 상당히 낮아졌다. 대충 경영해서는 이익이 발생하지 않는다.

매출을 올리는 것은 쉬운 일이 아니다. 매출이 올라가는 만큼 인적자원, 시설비용, 마케팅 비용이 증가되기 때문이다. 따라서 먼저 지출을 줄인 다음 매출 상승의 요인을 찾아야 한다. 비용을 기록하고 체크하면 낭비 요소의 원인을 알 수 있다.

저성장 시대에는 지출을 줄여야 한다. 월 100만 원의 지출을 줄였다면, 연 1,200만 원의 비용을 절감한 것이다. 기존 매출에서 매출로 1,200만 원을 올리기도 어렵다. 절감한 1,200만 원은 매출이 아닌 순이익이다.

기술의 발전으로 카메라와 사진장비는 엄청나게 발전하였다. 아날로그 시대의 전통(?)으로 사진기술에만 매달려 온 결과, 경영관리의 발전은 제자리걸음이다.

동네에 조그만 식당도 스프링 노트에 매출노트를 작성한다. 그런데 우리 사진가들은 어떠한가? 기록을 안 하는 사진가가 대부분이다. 꼼꼼하게 기록을 해야 치열한 경쟁에서 살아남을 수 있다. 스튜디오 경영은 돈 관리로부터 시작된다.

현재와 미래는 의지대로 바꿀 수 있지만, 과거는 바꿀 수가 없다. 엑셀과 고객관리 프로그램에 단순히 기록하는 것이 관리가 아니다. 기록을 한 다음 분석을 하고 계획을 세워야 관리다. 그리고 머릿속에 얼마가 이익인지, 적자인지 알아야 한다. 지난달 매출 현황의 결과는 1년 계획 수립 때 필요하다.

매일매일 수익을 체크해야 하는 이유는 무엇일까? 도둑이 있어서일까? 아니다. 대부분이 잔고가 있는 것 같은데, 돈이 없다고 한다. 그 돈은 다 어디로 간 걸까?

입금, 출금, 충당금, 생활비 통장으로 나누는 것이 돈 관리에 좋다.

입금 통장은 입금만 관리하는 것이 좋다. 같은 통장을 사용하면 얼마를 벌고 얼마가 지출되었는지 한눈에 볼 수가 없다. 분류가 어려운 경우에는 장부 기입에서 정확하게 분류하는 것이 좋다. 통장을 분류하는 것보다 자금의 흐름을 보는 것이 중요하다. 카드매출 비중이 높기 때문에 카드매출만 지출로 사용하고 현금매출 통장은 충당금 통장으로 활용하는 현명한 오너도 있다.

출금 통장은 고정지출과 변동지출로 나눈다. 고정지출은 오너 인건비, 생활비, 직원 인건비, 월세 등 일정한 지출을 말한다. 변동지출의 대부분은 인화, 액자, 앨범 등의 재료비이다. 매달 금액이 다르지만 사실상 고정비용으로 봐도 무방하다.

충당금 통장은 비상금이다. 세금, 장비 구입, 인테리어, 재투자비, 직원 퇴직금, 마케팅 비용 등이 있다. 충당금은 매출의 최소 10%를 적립해야 한다. 부가세 10%와 종합소득세를 감안하면 15%는 스튜디오의 돈이 아닌 것이다.

생활비 통장은 오너 인건비와 함께 출금 통장에서 분류된다. 집에서 사용하는 비용은 스튜디오와 별도로 관리한다. 대출이자와 원금, 보험 비용, 적금인 금융비용을 고정지출로 한다. 그 이외에 자녀들 학원비 등이 있다. 생활비 통장 역시 고정지출과 변동지출 통장이 있어야 한다. 고정지출 변동지출 통장 이외에 비상금 통장도 필요하다. 비상금 통장은 스튜디오의 수익이 없을 때를 대비하는 통장이다. 즉, 생활비 통장은 기본적으로 고정지출, 변동지출, 비상금 통장, 충당금통장 4개가 필요하다.

스튜디오 수입이 없을 때에도 생활비는 필요하다. 사업을 하는 사람이라면 비 오는 날을 대비하여 비상금 통장에 6개월의 생활비를 확보해야 한다. 변동지출 통장에는 식료품, 관리비 등이 있다. 충당금 통장에는 경조사비, 재산세, 세금 등을 보관한다.

사람의 머리는 한계가 있기 때문에 기록을 보고 상황을 분석해야 한다. 원인을 보면 낭비를 하는 것이 아니라 불필요한 지출을 한 것이다.

100만 원 물건을 50% 세일해서 50만 원에 샀다고 해서, 50만 원을 절약한 것이 아니다. 소비를 하지 않으면 50만 원을 아끼는 것이다.

자금 관리는 이익과 지출을 알아야 한다. 돈을 벌었는지 손해를 보았는지를 알아야 하는 것이다. 지난달 통계는 의미가 없다. 지난 통계는 바꿀 수 없는 것이기 때문이다. 이번 달에 얼마가 지출이 되고 있는지, 수입이 얼마나 되고 있는지를 파악해야 한다. 그리고 파악이 되었다면 대책을 세우고, 해결을 해야 한다.

경영관리는 자금 관리에서부터 출발한다. 돈 관리를 잘해서 불행한 사진가가 없었으면 좋겠다.

그렇다면 자금 관리의 실무 방법의 기준은 무엇일까? 자금의 흐름을 알고 계획을 세우는 것이다. 다음에 소개하는 방법들은 메모조차 하지 않는 사진가를 위한 것이다. 절차와 실행 방법은 참조해 주시길 바란다.

가족사진 매출 50만 원이 생겼다고 가정해 보자. 관리를 못하는 오너는 돈이 주머니에서 없어진다. 필자가 직장 생활을 할 때 모시던 오너의 이야기를 하겠다.

가족사진 매출 50만 원의 수익이 잡히면 4개의 통장으로 분류한다. 집세 통장, 인건비 통장, 재료비 통장, 충당금 통장에 각 10만 원을 입금한다. 각 10만 원을 입금하였으니 총 40만 원이 입금되었다. 남은 10만 원을 가지고 직원들과 맛있는 것을 먹는다. 50만 원 중 "40만 원은 내 돈이 아니다."라는 생각을 한 것이다.

그리고 매달 정산을 할 때면 10%는 따로 보관한다. 세금을 내야 한다면서 별도로 보관하는 것이다.

　상당수의 스튜디오 오너들은 지출입 통장을 하나로 쓰고 있는 경우가 많다. 더욱 놀라운 것은 생활비 통장까지 겸해서 쓰고 있는 것이다. 문제는 돈을 번 것 같은데 통장에 잔고가 없다는 점과, 얼마를 벌고 쓰는지 알 수가 없다는 점이다.

　통장 분류는 앞에서 설명한 것과 같이 입금, 출금, 생활비, 충당금 4개의 통장으로 분류해야 한다. 통장을 분류함으로써 돈의 흐름을 쉽게 알 수 있다.

　통장 분류와 동시에 장부 기입도 별도로 하는 것이 좋다. 입금, 출금, 생활비, 충당금의 통장 분류를 하자. 수입과 지출을 파악하고 생활비가 넉넉한지 혹은 부족한지 파악해 보자.

기본기가 튼튼해야 오래간다

필자가 컨설팅을 가면 맨 처음 보는 것이 있다. 바로 직원들의 인사이다. 직원들의 인사 스타일만 보면 스튜디오의 매출이 어느 정도 분석이 된다. 잘되는 스튜디오의 인사는 밝고 명랑하며 즉각적인 응대로 이어진다. 즉, 기본기가 잘되어 있는 것이다.

그다음 보는 것이 외벽의 간판배색, 입구의 정리정돈, 고객대기공간, 실내정리정돈, 상품의 퀄리티 순이다. 스튜디오의 오너의 기본기에서 스튜디오 활성화의 유무가 결정되기 때문이다.

정리정돈 안 하고 롱런 하는 스튜디오는 없다. 오랫동안 성공하는 오너 사진가들을 보면 정리정돈의 대왕이다. 기본기가 튼튼하다 못해 결벽증에 가깝다. 정리정돈과 기본기는 정신적인 면이 상당히 중요하다.

일단 시간 관리가 철저하다. 시간 관리가 철저하기 때문에 약속시간도 정확하다. 약속시간이 정확하니 사람들에게 신용이 좋다. 부지런하고 시간 약속의 신용이 좋다 보니 좋은 사람이 계속 꼬이고, 사람들이 모이니 정보가 모인다. 이렇게 정보가 모이니 사업이 잘될 수밖에 없다. 선순환의 연속인 것이다.

위기에 빠져도 정리정돈의 사고가 있기에 원인을 빨리 찾아낸다. 기계도 설계한 사람이 빨리 고치듯, 성공한 이유를 아는 사람은 위기가 와도 금방 복구한다. 자신이 왜 성공했는지 알고 있기에 초심으로 돌아가면 해결이 된다. 자신의 정확한 설계도가 있는 것이다.

일시적인 유행을 타고 성공한 스튜디오를 보면 10년을 못 넘긴다. 그저 운이 좋았기 때문이다.

롱런하는 스튜디오는 창고도 잘 정리되어 있다. 물품이 잘 정리되어 있다는 것은 원활한 업무가 가능하다는 것을 의미한다. 업무가 원활하니 실수가 적고, 실수가 적으니 직원들의 스트레스가 적다. 또 이렇게 직원들의 스트레스가 적으니 고객에게 최상의 서비스를 제공한다. 결과적으로 서비스가 좋으니 매출이 올라간다.

매출보다 중요한 것이 인력이다. 정리가 되어 있다는 것은 직원들의 근무 환경이 좋다는 뜻이다. 근무 환경이 좋으니, 당연히 이직률이 적다. 또, 직원이 바뀌어도 금세 적응을 한다.

스튜디오를 운영하여 이익을 내려면 정리정돈은 필수다. 필자가 컨설팅을 할 때 제일 답답한 것이 기본기와 정리정돈이다. 정리정돈과 기본기를 건너뛰고 성취하려고 하는 사람이 있다. 그런 사람들은 일시적인 성공은 거둘 수 있을지 모르겠으나, 3년 이상 성공하기는 힘들다.

정리가 안 되는 오너는 즉흥적이기에 직원들도 버티기 힘들어한다. 계획에 없던 일이 자주 터지기 때문이다. 정리가 안 되는 오너 때문에 같이 일하는 사람들은 속이 터진다. 결국 잦은 야근과 잦은 이직률로 나타난다.

롱런하는 스튜디오를 하고 싶다면 정리정돈을 하라. 그리고 기본기에 힘을 써라.

반면, 기본기를 갖추었는데 부자가 되지 못하는 경우가 있다. 욕심이 없는 경우이다. 미래에 대한 목표가 정확하면 욕심은 강화된다. 미래에 내가 필요한 돈과 지출을 생각하면 욕심은 자연스레 생긴다. 아이들

학자금. 부모님 칠순, 팔순 때 여행비용, 본인의 노후대책 등을 생각해 보자. '이만하면 됐지.'라고 생각할 수 없을 것이다.

부자 오너에게는 욕심과 열정이 있다. 무언가 보고 욕망을 느껴야 욕심이 생겨난다. 욕심이 생겼다면 열정을 불태워야 한다. 욕심만 있고 열정이 없는 사람이 있다. 아무것도 이루어지지 않는다.

욕심을 이루어 내려면 감옥기법을 추천한다. 어쩔 수 없이 하는 환경을 만들어야 한다. 자신을 감옥에 가두어야 이룰 수 있다. 무엇을 이루려면 다른 무언가를 포기해야 한다. 남들이 하는 것을 모두 따라 하면 이룰 수 없다. 술, 담배, 친구를 일시적으로라도 끊어 보아라. 긴 인생에서 6개월, 1년은 아무것도 아니다.

목표를 이루고 실천하고 싶다면, 100일 목표를 설정해 보자. 욕심이 생기고 열정을 불태우려면 실천해야 한다. 달력에 100일을 기록을 하고 역산기법을 사용하자. 우선 달력에 날짜를 기입하고 하루에 해야 할 양을 정하자. 그리고 매일매일 오늘 하루의 양를 다 했는지 체크하자. 만일 하루를 빼먹었다면, 쉬는 날과 노는 시간을 줄여서라도 할당량을 채우자. 그리고 100일째 되는 날 스스로에게 선물을 주어 성취감을 맛보자.

오너의 기본기는 공부하는 것이다. 많은 기업들이 독서 경영을 하고 있다. 삼성은 사장단들에게 정기적으로 인문강좌를 열고 있다. 왜 이렇게 공부하는 것일까?

인문학을 공부하는 것은 판단력을 키우는 것이다. 장사나 사업이나 마찬가지이다. 판단을 잘못하면 돈을 왕창 잃어버린다. 따라서 판단을 잘하기 위해 인문학을 하는 것이다. 한가롭게 교양을 쌓기 위해, 훌륭한 인품을 닦기 위해 여유롭게 인문학을 공부하는 것이 아니다. 치열한 생존에서 살아남으려고 공부하는 것이다.

구글은 신입사원 6,000명 가운데 5,000명이 인문학부 출신이다. 스티브 잡스는 "애플은 인문과 기술의 교차점에 있다.", "소크라테스와 반나절을 보낼 수 있다면 애플의 전반을 주겠다."라고 할 만큼 인문학의 중요성을 강조했다.

스튜디오디오 플랜을 세워 보자. 창업자이건 기존의 스튜디오 오너이건 새로운 마음으로 다시 시작한다는 마음으로 세워 보자.

간판을 달고 영업을 하는 이상 수익을 내는 것이 원칙이다. 고객이 있어야 스튜디오가 있고, 고객이 있어야 내가 있는 것이다.

창업자의 오류 가운데 흔히 찾아볼 수 있는 것이, 창업을 하고 나서 고객이 오는 것을 연구한다는 것이다. 오픈 전에 고민하고 연구해야 한다. 오픈을 하고서는 밀려드는 고객을 상대할 생각을 해야 한다.

이를 위해서 오픈 전에 사업계획서 쓰는 것을 권한다. 사업계획서를 작성하기에 앞서, 고객이 어떻게 하면 유입될 수 있는지에 대한 사전조사를 철저히 해야 한다. 오픈 전에 고객 유입을 생각하지 않는다면, 오픈하고 돈을 까먹는다.

오픈하기 전에 고객유입을 생각하지 않으면 어떠한 결과가 나올까? 수입은 없는데 매일매일이 지출의 연속이다. 월세가 나가고 인건비가 나가고 본인의 생활비가 지출된다.

오픈을 하고 6개월이 지나면 돈의 씨가 말라 버린다. 그때는 돈을 투자하면 고객이 오는 것이 보이지만, 막상 투자할 돈이 없다. 결국 경영 악화로 힘들어지거나 망한다.

당신의 머릿속으로 생각한 것 50%만 실천하면 원하는 것을 모두 이룰 것이다. 당신이 생각하는 기본기는 무엇인가?

8장

증명스튜디오
전화 응대 매뉴얼

증명

 증명사진 문의 1

직원 감사합니다. 한스스튜디오입니다.

고객 내일 혹시 몇 시부터 오픈하시나요?

직원 10시 오픈이에요.

고객 아, 그때부터 촬영할 수 있나요?

직원 네, 어떤 사진 필요하시죠?

고객 반명함이요.

직원 아~ 저희가 토요일 같은 경우는 조금 붐벼서 예약제로 진행하고 있
　　　 어요. 예약해 드릴까요?

고객 네네.

직원 헤어 메이크업 받고 찍으실 거예요? 사진만 찍으실 거예요?

고객 사진만요.

직원　사진만요? 그럼 10시로 예약해 드려도 될까요?

고객　네네, 얼마예요?

직원　2만 원이세요. 그럼 성함 좀 알려 주시겠어요?

고객　○○○이요.

직원　연락처는 지금 찍힌 번호로 남겨 드리면 될까요?

고객　네.

직원　그럼 내일 오전 10시에 뵐게요.

고객　네, 감사합니다.

 증명사진 문의 2

직원　감사합니다. 한스스튜디오입니다.

고객　저 증명사진 찍으려고 하는데요. 가격이 어떻게 되나요?

직원　어떤 용도로 쓰시는 거예요?

고객　그냥 일반증명사진이요. 민증에 쓸 거예요.

직원　2만 원부터 있으세요.

고객　아! 그래요? 가격이 조금 비싸네요? 보정 같은 건 다 해 주시는 거예요?

직원　기본적인 비대칭, 피부 같은 건 보정 다 들어가세요. (*2만 원과 3만 원의 차이점을 설명한다) 2만 원짜리는 일반적인 민증, 면허증 등에 사용되는 증명사진이기 때문에 무 배경으로 촬영이 되시고, 보정은 저희가 알아서 합니다. 대신에 뽑기 전에 모니터로 한 번 확인하실 수 있습니다. 3만 원짜리는 중요한 서류나 이력서용에 맞춰 촬영이 들어가시기 때문에 크로마키 촬영으로 들어가시고, 보정을 옆에서 1:1로 하실 수 있어요.

고객 아, 따로 예약하고 가야 되나요?

직원 헤어랑 메이크업 받으시는 거 아니면 따로 예약은 받지 않고 있어요. 오전10시부터 7시 사이에 오셔서 순서대로(선착순대로) 찍어 주시면 돼요.

고객 네, 알겠습니다.

 이력서 및 여권 가격 문의

직원 감사합니다. 한스스튜디오입니다.

고객 금일 사진 촬영 가능한가요? 이력서, 여권 촬영하려는데 모두 고급이 가능한 가요?

직원 고급사진은 의상대여, 촬영, 1:1 보정하시는 상품이시고 가격은 3만 원이세요. 여권은 귀랑 눈썹이 보이셔야 돼요. 한 번 찍어서 이력서, 여권 두 가지 하셔도 되시면 1만 원만 추가하시면 되고요. 따로따로 촬영하면 두 가지 다 고급상품으로 하시면 6만 원입니다.

고객 그러면 취업사진만 고급으로 하고 여권은 그냥 일반으로 찍으면 총 얼마인가요?

직원 이력서 사진은 3만 원, 여권사진 2만 원 해서 총 5만 원입니다.

고객 3시 예약할게요. 깎아 주거나 서비스 안 되나요?

직원 가격은 저희가 본사가 따로 있어 가격이 정해져 있기 때문에 할인은 안 되고요. 저희가 지금 이벤트 중입니다. 현금으로 결제하시면 사진 두 배로 뽑아 드려요.

 두 종류 사진 추가 가격 문의

고객   안녕하세요. 거기 한스스튜디오 맞죠?

직원   네, 맞아요.

고객   저 궁금한 게 있는데요. 사진 찍을 때 안경 벗고 찍는 거랑 쓰고 찍는 거랑 둘 다 뽑으면 비용 차이가 있나요?

직원   그렇게 하시면 15,000원 추가되세요.

고객   15,000원이나 추가돼요?

직원   새로 처음부터 다시 찍으시면 따로 따로 촬영이 들어가시는 거라 2만 원 추가돼요. 안경 쓴 거랑 벗은 거는 찍으신 사진들 중에 찾아가는 거라 15,000원만 추가되시는 거예요.

고객   네, 감사합니다

직원   언제 오시는 거예요?

고객   저 여섯시에 예약해 놨어요.

직원   아, 예약하신 거예요? 이따가 오세요.

고객   네.

여권

 여권 가격 문의

직원 감사합니다. 한스스튜디오입니다.

고객 여권사진 얼마예요?

직원 사진만 찍으시는 거면 2만 원이에요.

고객 몇 장인데요.

직원 여권사진은 6장 나와요.

고객 현금이벤트인가 그거 아직도 하나요?

직원 네네, 아직 진행 중이에요. 현금으로 결제하시면 두 배로 나와요.

고객 계좌 이체도 가능한가요?

직원 네, 가능해요~ 오셔서 촬영하시고 결제하실 때 계좌로 입금해 주시면 돼요.

고객 네, 저 이따가 갈게요.

직원 언제쯤 오시는 거예요?

고객 글쎄요, 일 끝나면 한 6시쯤 갈 것 같아요.

직원 네! 7시 안에 오셔서 촬영해 주시면 돼요. 잠시 후 뵐게요.

고객 네.

 여권 규정 문의 1

직원 감사합니다. 한스스튜디오입니다.

고객 여권사진 찍으러 갈 건데요.

직원 네네.

고객 여권, 렌즈 끼고 찍으면 안 되나요?

직원 여권은 컬러렌즈나 서클렌즈 같은 미용렌즈가 안 되세요.

고객 자연스러운 거라 별로 티 안 나는데… 그래도 안 돼요?

직원 그게 저희가 판단하는 게 아니고 시청 여권과 직원분에 따라 다
    르기 때문에 혹시 그냥 끼고 찍으셨다가 걸리실 수도 있어요. 저희
    는 고객님이 원하시면 찍어 드릴 수는 있는데 걸리시면 다시 결제
    하고 촬영하셔야 돼요.

고객 아, 일단 알겠습니다.

직원 네.

 여권 규정 문의 2

직원 감사합니다. 한스스튜디오입니다.

고객 거기 여권 사진도 찍나요?

직원 네, 여권도 찍어요.

고객 여권 찍을 때 따로 준비해 갈 거 있나요?

직원 일단 여권은 배경이 흰색이라 흰옷이나 밝은 옷은 안 되시고요, 미
    용렌즈랑 뿔테안경은 안 되시니까 오셔서 빼고 찍으시면 될 것 같
    아요.

고객 네네, 감사합니다.

직원 네.

프로필

 프로필 문의

직원 (부재중 떴을 시) 네, 여기 사진관인데요~ 혹시 방금 전화하셨나요?

고객 네.

직원 네, 어떤 것 땜에 그러시죠?

고객 네, 프로필사진 찍고 싶은데요.

직원 헤어랑 메이크업 받으시는 거예요?

고객 헤어는 필요 없을 것 같고 메이크업만 할까요.

직원 음, 프로필사진은 패키지상품으로 묶여 있어서 헤어랑 메이크업이 같이 포함되어 있으세요.

고객 아, 그렇게 하면 얼마에요?

직원 그렇게 하시면 10만 원부터 있으세요.

고객 그럼 그냥 사진만 찍으면요?

직원 5만 원입니다.

고객 아! 그래요? 어떻게 하지…. 예약을 하고 가야겠네요?

직원 그렇죠. 예약을 하고 오셔야 해요.

고객 아, 내일 5시에 2명이구요.

직원 두 분이세요? 잠시만요. 헤어랑 메이크업 받으시는 거예요?

고객 그거는 할 필요 없을 것 같아요.

직원 그럼 촬영만 하시는 걸로 예약해 드릴까요?

고객 네.

직원 그럼 두 분이시니까 한 분은 5시, 다른 한 분은 5시 반으로 예약해 드릴게요.

고객   사진 촬영하는 데 30분이나 걸려요?

직원   한 타임에 촬영이 한 분씩 들어가시는 거여서 그 정도는 걸리세요.
           또 프로필사진은 촬영이 많이 들어가기 때문에 30분 정도 걸려요.

고객   아, 네. 그럼 다섯 시, 다섯 시 반으로 두 명 예약해 주세요.

직원   5시에 받으실 분 성함과 전화번호 알려 주세요.

고객   ○○○이요. 010-○○○○-○○○○.

직원   다른 분 성함 알려 주세요.

고객   ○○○이요.

직원   네, 그러면 내일 같이 오시는 거죠?

고객   네.

직원   내일 같이 5시까지 도착해 주시면 되세요.

고객   네.

직원   감사합니다.

 프로필사진 문의

직원   감사합니다. 한스스튜디오입니다.

고객   (여자)프로필 사진 촬영하고 싶은데 영업시간이 어떻게 되나요?

직원   영업시간은 10시에서 8시까지이고요. 촬영시간은 1시간이 소요되오니
           늦어도 6시까지는 오셔야 사진을 당일에 받아 보실 수 있습니다.

고객   내일 촬영하면 바로 나오나요?

직원   헤어메이크업과 의상을 몇 벌 입느냐에 따라서 시간이 달라집니다.

고객   의상은 1가지이고요. 메이크업은 얼마인가요?

직원   사진촬영만 하시는 상품은 5만 원부터 메이크업 상품은 10만 원부터 있습니다. 시간은 사진촬영만 하시는 것은 1시간, 메이크업까지 하시면 2시간이 소요됩니다. 헤어, 메이크업 받으시는 상품으로 하시는 거면 5시가 마지막 예약이세요.

고객   사진만 촬영하는 것으로 하겠습니다.

직원   몇 시로 해 드릴까요?

고객   7시로 하겠습니다.

직원   7시에 오시면 저희가 마감시간이 8시기 때문에 사진은 다음 날 받으실 수 있어요.

고객   파일을 주시나요?

직원   찾아가시는 파일만 메일로 보내 드리고 있습니다. 프로필 사용처를 알려 주시면 용도에 맞게 촬영을 해 드리고 있습니다. 전화번호는 지금 전화주신 번호로 등록할게요. 내일 7시에 뵙도록 하겠습니다.

고객   네! 감사합니다.

우정사진

 이미지 문의 1

직원   감사합니다. 한스스튜디오입니다.

고객   3명 이미지 사진 얼마예요?

직원 헤어, 메이크업 받으시는 건가요?

고객 아니요, 사진만 찍을 거예요.

직원 1장 기준 1인당 만 원씩입니다. 1장 추가당 1인당 7,000원씩 추가
     입니다. 이미지사진은 예약하고 오셔야 하세요. 언제로 예약해 드
     릴까요?

고객 친구들이랑 상의해 보고 시간 맞춰서 연락 드릴게요.

직원 네, 알겠습니다.

 이미지 문의 2

직원 감사합니다. 한스스튜디오입니다.

고객 친구랑 이미지사진 찍고 싶은데요, 2명 얼마예요?

직원 두 분이시면 커플사진에 해당하셔서 두 분 합쳐서 3만 원이세요.

고객 찍으면 당일에 나오나요?

직원 당일에 받기 원하시면 5시 전까지는 오셔야 하고요. 다음 날 받으
     셔도 되시면 마지막 촬영 시까지 예약 가능하세요.

고객 사진은 다음 날 받아도 상관없는데 헤어 메이크업 받는 거는 얼마
     예요?

직원 헤어 메이크업 받으시는 건 이미지사진은 1인당 5만 원씩이시고요.
     메이크업은 픽스메이크업으로 들어가는 거라서 전체 다 하고 오셔
     야 하고요. 쉐딩, 속눈썹, 립 정도로 수정 메이크업 들어가시는 거
     예요.

고객 풀로 다 받는 거는 어떻게 해요?

직원 메이크업 베이스부터 받으시려면 2만 원 추가되셔서 1인당 7만 원
     이세요.

고객 그러면 7시로 이미지 2명 헤어 메이크업 받는 걸로 예약해 주세요.

직원 고객님, 죄송하지만 헤어 메이크업 받으시는 건 5시가 마지막 예
     약이세요. 헤어 메이크업 받으시는 데 보통 한 분당 30분은 걸리셔
     서 5시까지는 도착하셔야 해요.

고객 아! 그러면 5시로 예약해 주세요~

직원 네, 알겠습니다.

고객 그리고 의상은 거기서 빌릴 수 있나요?

직원 네! 의상은 1인당 5천 원씩 추가하시면 돼요.

고객 알겠습니다.

직원 네! 이따가 5시까지 도착해 주세요.

 이미지사진 문의

직원 감사합니다. 한스스튜디오입니다.

고객 (엄마)중학교 아이들 4명이 우정사진 촬영하려고 하는데요. 비용이
     어떻게 되나요?

직원 한 컷에 1인당 만 원입니다.

고객 1컷이라는 것이 이해가 잘 안 됩니다.

직원 사진 한 컨셉을 만들기 위해서 같은 장면을 10장에서 20장 촬영
     하고 그중에 1장을 골라서 1인에 만 원입니다. 만약 1컷이 추가되면
     7,000원씩 추가됩니다. 예를 들어 2컨셉을 고르시면 17,000원이

되고요, 3컨셉을 하시면 24,000원입니다.

고객 1컨셉의 사진은 어떻게 나오나요?

직원 사진은 1인당 일반 인화사이즈 4인치x6인치(10cm×15cm) 사진 한
장과 지갑용 사진 2장을 드리고 있습니다.

고객 4명이니까 4만 원인가요?

직원 네, 맞습니다. 합산금액으로 생각하시는 것보다는 1인당 만 원이라
고 보시는 것이 좋습니다.

고객 옷은 어떻게 해야 하나요?

직원 옷은 준비하셔야 하는데, 중학생이니 교복이 제일 좋습니다.

고객 몇 시까지 하나요?

직원 영업은 8시까지인데요. 사진작업이 1시간 걸리오니 당일에 사진이
필요하시면 6시까지는 오셔야 해요. 다음 날 사진이 출고된다면 7
시까지 오시면 됩니다. 늦게 오시면 사진 촬영하는 시간이 단축됩
니다.

고객 주말은 가격이 똑같나요?

직원 주말은 가격은 같지만 예약을 미리 하시고 예약금을 미리 주셔야
합니다. 전화상이라 이해가 잘 안 되실 수 있어요. 카톡으로 문의
가 가능하신데요. 성함과 연락처 드리면 상담해 드려도 될까요?

고객 2컷을 고르게 되면 몇 장 찍나요?

직원 30장 정도 찍습니다. 1컨셉에 촬영 인화까지 1시간 기준이고요. 컨
셉이 늘어나면 시간이 더 걸립니다.

고객 이메일로 사진을 받을 수 있나요?

직원 1인당 3만 원입니다. 별도 구매입니다.

우정사진 문의

직원   감사합니다. 한스스튜디오입니다.

고객   (남자)우정단체사진 촬영을 하려고 합니다. 4월 17일 예약이 가능한가요?

직원   고객님 죄송하지만 일요일은 휴무입니다. 16일은 어떠세요.

고객   16일은 모일 수가 없어서요.

직원   그럼 혹시 야외촬영은 어떠세요?

고객   야외는 어떻게 되나요?

직원   공원에서 촬영하는 프리 작가님이 있습니다. 스튜디오 촬영과 가격 차이는 없고요.

고객   금액은 얼마인가요?

직원   1인당 만 원입니다. 추가는 7,000원씩 추가가 됩니다.

고객   죄송한데 연락처 한번 남겨 주실래요?

직원   고객님 성함 좀 알려 주세요. 저희가 카톡으로 연락 드려도 될까요? 문자비용이 들어가시니 카톡으로 드리겠습니다.

 이미지 문의 3

직원   감사합니다. 한스스튜디오입니다.

고객   10명 이미지 사진 문의 드립니다.

직원   1분당 만 원이구요. 추가는 7,000원입니다.

고객   사진은 어떻게 나오나요?

직원   큰 사진 한 장 작은 사진 2장 드리고 있습니다.

고객   큰 사진이랑 작은 사진 사이즈가 어떻게 돼요?

직원   큰 사진은 4R(10cm×15cm)고요, 작은 건 지갑에 들어갈 수 있는 사이즈(5cm×7cm)입니다.

고객   예약하고 가야 되나요?

직원   이미지사진은 예약하고 오셔야 하니까 미리 전화로 예약해 주시면 돼요.

고객   네, 알겠습니다. 다시 전화 드릴게요.

직원   네, 감사합니다.

취업사진

 이력서 사진 문의

직원   감사합니다. 한스스튜디오입니다.

고객   이력서 사진 촬영하려고 하는데요. 당일 예약 가능한가요?

직원   헤어 메이크업 받으시는 건가요?

고객   얼마인데요?

직원   헤어와 메이크업 둘 다 받으시는 상품은 7만 원, 헤어만 받으시면 5만 원입니다.

고객   7만 원으로 할게요.

직원   스케줄 잠시 볼게요. 4시 30분 어떠세요?

고객   네, 괜찮습니다.

직원　헤어메이크업 받으시는 상품이기 때문에 얼굴은 스킨, 로션, 선크림만 바르고 오시면 되고요. 머리는 왁스나 스프레이 바르지 마시고 감고 말린 상태에서만 오시면 돼요.

고객　네, 알겠습니다.

직원　네, 그럼 4시 30분에 뵙도록 할게요.

 취업사진 예약 문의

직원　감사합니다. 한스스튜디오입니다.

고객　안녕하세요, 저 취업사진 찍고 싶은데요.

직원　네! 헤어 메이크업 받으시는 건가요? 아니면 사진 촬영만 하시는 건가요? (*헤어와 메이크업을 받고 찍을 건지, 아니면 사진 촬영만 할 건지 묻는다.)

고객　음! 헤어만 받고 싶은데요. 헤어는 어떤 식으로 해 주시나요?

직원　취업용이시면 헤어는 올림머리 스타일로 하시는 거예요.

고객　근데 제가 올림머리가 잘 안 어울릴 것 같은데 그래도 올림머리를 하나요?

직원　일단은 회사나 기업에서 원하는 깔끔한 스타일이 있기 때문에 본인한테 어울려서 하신다기보다는 취업하기 위해서 하십니다.

고객　아! 헤어만 받을 수 있나요?

직원　네, 오늘은 5시 가능하세요.

고객　그럼 5시로 예약해 주세요.

직원　네, 헤어만 받으시는 걸로 5시 예약 해드릴게요. 성함이 어떻게 되시죠?

고객   ○○○이요.

직원   네, ○○○님 연락 가능하신 전화번호 하나만 알려 주세요.

고객   010-○○○○-○○○○이요.

직원   네! 헤어만 받으시는 거니까 메이크업은 직접 준비하고 오시면 되고요. 메이크업은 음영메이크업으로 평소보다 약간 진하게 하고 오시면 돼요.

고객   진하게요?

직원   네, 조명이 강하게 들어가기 때문에 평소처럼 연하게 하고 오시면 날아가서 나오실 수도 있어요.

고객   네, 알겠습니다.

직원   고객님 혹시 헤어스타일링 잘 모르셔서 그러시는 거면 지원하는 분야 친구분들이나 취업 담당 교수님들께 상담 받고 오시는 것도 좋으세요. 꼭 내가 지원하는 분야는 머리 묶지 않아도 될 것 같다 하시면 오셔서 말씀해 주시면 되세요.

고객   네, 감사합니다.

직원   네네~ 5시까지 도착해 주세요. 이따 뵐게요.

헤어 · 메이크업

 헤어 예약

직원   감사합니다. 한스스튜디오입니다.

고객   1시에 예약을 했는데요. 사진만 하기로 했는데 헤어까지 가능한

     가요?

직원   헤어는 마감이 되었는데요. 내일은 어떠세요?

고객   일단 1시에 갈게요.

직원   6시까지 오시면 헤어까지 가능하세요.

 취업(메이크업)

직원   감사합니다. 한스스튜디오입니다.

고객   사진 촬영 예약을 하려고요.

직원   언제 오실 거예요? (*정확한 날짜를 확인한다.)

고객   내일 가려고 합니다.

직원   어떤 사진 필요하세요? (*정확한 사진 종류를 확인한다.)

고객   취업사진이요.

직원   헤어 메이크업 받으실 거예요? 아니면 사진만 필요하세요? (*헤

     어 · 메이크업 여부를 확인한다.)

고객   메이크업 받으려고요.

직원   시간 한번 봐 드릴게요. 잠시만요. 오전은 11시 30분 가능하시고요.

     오후는 3시 어떠세요? (*헤어 · 메이크업은 가급적 1시간당 하나씩 잡고,

피치 못할 경우는 30분에 하나씩 받을 것. 고급상품은 바로 촬영이 들어가기 때문에 겹치게 하나는 받아도 된다. 30분에 하나씩 받을 경우는 손님이 조금만 늦어도 밀릴 수 있다. 10분 전 도착 안내하고, 늦으면 다음 타임 고객 때문에 밀려날 수 있다고 고지한다.)

고객   오전 11시 30분으로 할게요.

직원   11시 30분 가능하시고요. 성함이 어떻게 되세요?

고객   ○○○입니다.

직원   헤어메이크업 받는 상품으로 예약이 되셨고요. 전화번호는 찍힌 번호로 할까요? (*찍힌 번호가 아닐 경우는 연락처를 받는다.) ○○○님 예약이 되셨고요, 궁금한 점 있으신가요?

고객   시간에 맞추어 가면 되나요?

직원   네! 내일 뵙겠습니다.

사진 수정

 취업사진 배경색상 문의

직원   감사합니다. 한스스튜디오입니다.

고객   취업사진을 찍고 싶은데요.

직원   네네.

고객   배경색은 보통 어떤 색으로 하나요.?

직원   보통 이력서 사진은 파란색을 기본으로 하세요.

고객   아! 그럼 혹시 파란색이랑 흰색 반반씩 섞어서 할 수 있나요?

직원   네, 가능하세요. 흰색 배경 추가하시면 1만 원 추가되세요. (*무조건 안 된다고 하지 말고 가능한데 추가된다고 안내한다.)

고객   아, 네. 감사합니다.

 ## 정장 합성 문의

직원   감사합니다. 한스스튜디오입니다.

고객   반명함 사진 찍으려고 하는데요. 제가 정장이 없는데 혹시 정장 합성이 되나요?

직원   저희가 정장상의는 대여하실 수 있게 준비되어 있는데 대여하시는 상품으로 하시겠어요?

고객   입는 게 별로여서 합성하고 싶거든요.

직원   합성 가능은 하신데 아무래도 직접 입으시는 것보다는 약간 부자연스럽게 나오실 수도 있어요. 그래도 합성 원하시면 가능하시고요, 합성비 1만 원 추가되세요.

고객   아! 그러면 그냥 가서 빌릴게요.

직원   네, 알겠습니다. 그럼 예약해 드릴까요?

고객   제가 시간 생각해 보고 전화 드릴게요.

직원   네, 다시 연락 주세요. 감사합니다.

 ## 머리 염색 수정 문의

고객   안녕하세요. 저 오늘 취업사진 예약했는데요.

직원　네! 성함이 어떻게 되시죠?

고객　○○○이요. 근데 제가 염색해서 머리가 좀 많이 밝은데 이거 혹시 보정으로 블랙으로 되나요?

직원　네! 보정으로 가능하세요. 근데 머리가 많이 밝으신데 블랙으로 하시면 좀 부자연스럽게 나올 수 있어요. 다크브라운 정도로 가능해요.

고객　아, 네네. 감사합니다.

직원　네! 이따 오셔서 한 번 더 말씀해 주세요~~

고객　감사합니다.

직원　네.

예약

 풀패키지 예약

직원　감사합니다. 한스튜디오입니다.

고객　풀패키지 예약하려고요. 이번주 토요일 5시입니다.

직원　토요일은 예약금을 받고 있습니다. 카톡으로 계좌를 보내 드리는데요. 예약금은 1만 원이 되겠습니다. 얼굴은 선크림 바르시고요. 헤어는 왁스나 젤, 스프레이 사용하시지 마시고요. 궁금한 거 없으세요?

증명 예약

직원   감사합니다. 한스스튜디오입니다.

고객   증명사진 찍고 싶어서요.

직원   오늘 찍으시는 건가요?

고객   네네.

직원   취업사진이세요?

고객   네, 취업사진이요.

직원   헤어 메이크업 받으시는 건가요??

고객   그건 따로 안 해도 될 것 같아요. 예약해야 하나요?

직원   네! 예약해 드릴게요. 잠시만요. 오늘 4시 30분 어떠세요?

고객   네, 4시 반으로 해 주세요.

직원   네! 그럼 헤어랑 메이크업은 직접 준비해 오시고요. 4시 반까지 도착해 주세요.

고객   근데 일반증명사진이랑 취업사진이랑 많이 다른가요?

직원   아무래도 취업사진은 중요하게 쓰이기 때문에 촬영 횟수도 많이 들어가시고요. 보정도 옆에서 일대일로 하실 수 있어요. 그리고 의상 대여 가능하시고요.

고객   아, 네! 알겠습니다.

직원   네, 이따가 오세요.

헤어메이크업 예약

직원 감사합니다. 한스스튜디오입니다.

고객 이력서 사진 예약하려 합니다.

직원 헤어메이크업 필요하신가요? 아니면 사진만 필요하신가요?

고객 헤어메이크업까지요.

직원 고객님 죄송하지만 내일은 예약이 마감되었습니다. 10시 30분은 어때세요? 헤어메이크업, 의상, 사진, 1:1 수정 총합은 7만 원입니다. 의상만 하시면 3만 원입니다.

고객 지금 결정해야 하나요?

직원 네! 예약하신 분들이 있어서요. 촬영이 겹칠 수 있습니다.

고객 헤어와 의상만 빌리면요?

직원 5만 원입니다.

 예약시간 문의 1

직원 감사합니다. 한스스튜디오입니다.

고객 20분 후에 가도 취업사진 촬영을 할 수 있나요?

직원 헤어메이크업 상품은 오늘 마감되었고요. 사진만 촬영하시는 것은 가능하십니다.

고객 헤어는 오늘 마감되었나요?

직원 네, 오늘은 마감되셨어요. 내일로 예약을 해 드릴까요?

고객 다음 주에 다시 연락을 드리도록 하겠습니다.

직원 다음 주에 연락 주시기 바랍니다.

고객   예약은 하루 전에 해야 하나요?

직원   예약이 실시간으로 차기 때문에 고객님이 원하시는 날짜와 시간에 맞추시려면 빨리 전화 주셔서 예약하시는 게 선택하실 수 있는 폭이 넓어져서 좋아요.

고객   감사합니다. 수고하세요.

 예약시간 문의 2

직원   감사합니다. 한스스튜디오입니다.

고객   예약하려고 하는데요.

직원   어떤 사진 필요하세요? 원하시는 시간 있으세요?

고객   8시요.

직원   8시에 마감이라서 7시까지는 오셔야 해요. 내일은 어떠세요?

고객   오늘까지 해야 돼서요. 다시 연락드리도록 하겠습니다.

직원   네, 다시 전화 주세요.

 학생 취업 예약

직원   감사합니다. 한스스튜디오입니다.

고객   저 아까 온 학생인데요. 저 오전 11시에 내일 예약하려고요.

직원   네! 잠시만요. 한 분이세요?

고객   네.

직원   내일 11시 헤어랑 메이크업 받으시는 거예요?

고객   네! 풀패키지 6만 원짜리요.

직원   성함이 어떻게 되시죠?

고객   ○○○이요.

직원   전화번호는요?

고객   ○○○-○○○○-○○○○.

직원   그러면 내일 11시까지 도착해 주시고요. 메이크업 받으실 거니까 얼굴은 기초까지만 하고 오시면 되세요.

고객   비비는 발라도 돼요?

직원   선크림이나 비비크림까지만 바르고 오시면 돼요.

고객   네~

직원   내일 뵈어요.

 예약 문의

직원   감사합니다. 한스스튜디오입니다.

고객   사진 촬영과 의상 대여하려고요.

직원   취업사진만 촬영하시는 것으로 예약해 드리면 될까요?

고객   네.

직원   7시 예약 가능하신데 어떠세요?

고객   정확히 몇 시에 갈지 잘 모르겠어서 그런데, 예약은 무조건 해야 하나요?

직원   사진만 찍으시는 거니까 그럼 따로 예약은 안 해 드릴게요. 7시 안에 오셔서 순서대로 찍어 주시면 돼요.

고객   네, 알겠습니다.

 프로필사진 예약

직원   감사합니다. 한스스튜디오입니다.

고객   내일 오전 11시에 2명 프로필 사진 예약입니다.

직원   헤어메이크업까지 필요하신가요?

고객   사진만 하겠습니다.

직원   전신까지 촬영하실 거면 신발도 준비하세요.

 영업시간 안내

직원   감사합니다. 한스스튜디오입니다.

고객   사진관 맞죠?

직원   네, 맞아요.

고객   몇 시까지 하나요?

직원   영업시간은 8시까진데 촬영은 7시 안에 오셔야 하세요.

고객   아! 제가 멀리서 가는 거라서 7시 좀 넘어서 도착할 것 같은데, 그럼 사진 못 찍나요?

직원   사진을 당일에 찾아가시려면 7시 안에는 오셔야 하고요. 다음 날 찾아도 괜찮으시면 7시 반까지는 꼭 와 주셔야 해요.

고객   사진은 나중에 찾아도 상관없어요.

직원   네, 그럼 최대한 빨리 와 주세요.

고객　네, 감사합니다. 이따 갈게요.

추가 인화

 사진 추가 인화

직원　감사합니다. 한스스튜디오입니다.

고객　안녕하세요! 거기서 오래전에 사진 찍었는데요.

직원　네네, 말씀하세요.

고객　그걸 혹시 여권사진으로 뽑을 수 있나요?

직원　잠시만요. 데이터 확인 좀 해 볼게요.

고객　네.

직원　성함이 어떻게 되시죠? (*성함을 꼭 확인한다.)

고객　○○○이요.

직원　동명이인이 많으신데, 혹시 메일주소나 전화번호 하나 알려 주시겠
　　　어요? (*같은 이름이 있을 경우, 메일 또는 연락처를 확인한다.)

고객　○○○-○○○○-○○○○요.

직원　아, 잠시만요~ ○○○님, ○○○○년도 ○월쯤 찍으신 걸로 확인
　　　되시는데 맞나요? (*촬영 날짜를 확인한다.)

고객　그랬던거 같아요.

직원　배경은 푸른색 계열에 옷은 빨간 넥타이 하고 찍으신 거 맞으신가
　　　요? (*인상착의도 확인한다.)

고객 맞아요.

직원 여권 가능하시고요. 배경 흰색으로 하셔야 되니까 변경해서 뽑아 드릴게요. 언제쯤 찾으러 오실 예정이세요?

고객 이따가 한 2~3시쯤 찾으러 갈게요. 얼마예요?

직원 6장에 1만 원이에요. (*배경작업이나 수정작업이 들어갈 경우, 다른 데서 찍은 사진을 인화할 경우는 1만 원, 그대로 뽑거나 사이즈만 변경해서 뽑을 경우 여권 6장에 6천 원, 반명함은 8장에 8천 원이다.)

고객 알겠습니다.

직원 뽑아 놓은 테니까 이따가 찾으러 오세요.

  여권 가능 여부

직원 감사합니다. 한스스튜디오입니다.

고객 안녕하세요. 제가 몇 달 전에 거기서 사진을 찍었는데요. 이걸로 여권을 발급받고 싶은데 가능한가요?

직원 잠시만요. 한번 확인해 볼게요. 성함이 어떻게 되시죠?

고객 저 ○○○이요. 3월쯤 찍었던 것 같아요.

직원 잠시만요.

고객 네.

직원 고객님 확인해 봤는데요. 여권은 눈썹이랑 귀가 보이게 찍으셔야 해요. 이때는 눈썹은 보이시는데 귀가 안 보이게 찍으셔서 다시 찍으셔야 할 것 같아요. (*여권규정 제한사항(흰옷, 밝은 옷, 뿔테안경, 컬러렌즈, 서클렌즈, 웃는 표정)을 확인한다. 액세서리 착용했거나 흰옷

이거나 보정으로 할 수 있는 부분은 가능하다고 응대한다. 단, 비용은 보정작업 들어가서 6장에 1만 원이라고 응대한다.)

고객 아! 정말요? 다시 찍는 데는 얼마예요?

직원 다시 찍으시는 건 2만 원이세요.

고객 그럼 나중에 다시 찍으러 갈게요.

직원 네, 알겠습니다. 다음에 찍으러 오세요.

수정 문의

 수정 요청

직원 감사합니다. 한스스튜디오입니다.

고객 사진을 2장 했는데요. 많이 수정해 주세요.

직원 네, 알겠습니다.

 수정 추가사항

직원 감사합니다. 한스스튜디오입니다.

고객 제가 며칠 전에 취업사진 찍었었는데요.

직원 네.

고객 보정 너무 잘해 주셨는데요, 집에 와서 메일 확인해 보니까 입술이 너무 창백하게 나온 것 같아서요. 주변 사람들도 그렇게 말하고

요. 혹시 죄송한데 파일로만 입술 좀 살짝 색깔 넣어서 보내 주실
수 있나요?

직원 더 보정하고 싶은 부분 있으시면 저희가 보내 드린 메일 답장으로
보정하시고 싶은 부분 적어서 보내 주시면 오늘 8시까지 재수정해
서 보내 드릴게요.

고객 정말 감사합니다.

직원 네, 이따 보내 드릴게요.

 배경색상 변경 문의

직원 감사합니다. 한스스튜디오입니다.

고객 안녕하세요? 제가 1년 전에 한스스튜디오에서 취업사진을 찍었는
데요.

직원 말씀하세요.

고객 그때 배경을 파란색으로 했었는데 흰색으로 해서 파일만 좀 보내
주실 수 있나요?

직원 가능하세요. 흰색으로 변경하시면 1만 원 추가되세요. (*무조건 안 된
다고 하지 말고 가능한데 금액이 추가된다고 안내한다.)

고객 파일만 받는 건데도 추가금액 내야 돼요?

직원 저희가 보정작업이 들어가야 하기 때문에 파일만 받으셔도 추가되
세요.

고객 그러면 추가할게요. 파일 보내 주세요.

직원 저희가 입금이 확인되시면 작업해서 보내 드려요. 고객님 번호로

계좌번호 보내 드릴 테니까 입금하고 문자 남겨 주시면 작업해서 보내 드릴게요.

고객 알겠습니다.

직원 감사합니다.

 사진 완성(출고 문의)

직원 감사합니다. 한스스튜디오입니다.

고객 저 ○○○인데요. 사진 완성됐을까요?

직원 수정 중입니다. 몇 시까지 필요하세요?

고객 오늘 제가 어디 가야 해서 8시 안에 사진이 필요합니다.

직원 8시까지는 작업이 완성됩니다. 영업시간이 8시 마감이라서 그전에 완성해 드릴 수 있으니 7시 30분(30분 전)까지 찾으러 오시면 됩니다. 급하신 거면 파일로 먼저 받아 보시겠어요?

고객 그럼 제가 사진은 나중에 찾으러 갈 테니까 메일만 먼저 보내 주세요.

직원 아까 적으신 메일로 8시 전에 보내 드리겠습니다.

고객 감사합니다.

9장

베이비스튜디오 탐방

어느 베이비스튜디오의 하루

견학할 스튜디오의 공간은 150평, 전 직원은 15명이 근무하는 곳이다. 촬영팀 9명이 시간당 4팀의 고객을 촬영한다. 실제로는 8명이 촬영에 투입되고, 나머지 1명(실장)은 업무 지원을 한다.

실장은 전체적인 상황을 지켜보고 병목현상이 나는 곳을 집중적으로 지원한다. 빨리 촬영이 끝난 팀은 전체적인 업무가 원활하게 진행되도록 다른 팀을 지원한다. 직원들은 서로 돕는 것이 이익이라는 것을 체험으로 알고 있다.

주말에는 시간당 5팀 이상이 촬영하게 된다. 급한 경우에는 타부서인 상담팀 매니저님과 함께 촬영을 한다. 시간 배분은 스케줄을 계획할 때 이루어지며, 업무 지정 분담을 정확히 하고 있다. 매출 상승을 위해 신규계약 상담에 중점을 두고 스케줄을 계획한다.

촬영은 가격이나 혜택을 주어 가급적 평일 촬영으로 유도한다. 액자나 여유 등 평일에 대한 혜택을 주로 이야기하는 것이다. 고객이 주말에 오시면 바쁘다는 것을 스스로 인지할 수 있도록 자세히 안내한다. 첫아이와 멀리서 오시는 분은 어쩔 수 없이 주말에 촬영하기도 한다.

베이비 촬영은 컨디션 조절이 제일 중요하다. 평일이 아가도 편하고 엄마도 편하다고 유도한다. "주말에 오는 경우에는 두세 번 오시는 경우가 많습니다."라고 사전 안내를 한다.

촬영팀은 촬영업무 이외에 부가적인 업무를 한다. 산부인과 거래처가 있기 때문에 신생아 촬영 홈페이지 등록의 업무가 있다.

업무는 세분화되어 있어 촬영팀에 대한 업무는 생각보다 많지 않다. 촬영에 집중을 하라는 경영자의 뜻이다. 대신 촬영 컨셉 개발과 경쟁업체의 사진을 분석한다. 업무량이 많을 때는 서로 돕고 일을 분배하여 시간을 단축시키는 데 중점을 둔다.

상담업무는 계약서 관리, 사진 셀렉, 카톡, 카페 관리 등 고객과의 커뮤니케이션이 주 업무이다. 고객과의 가교 역할을 하여 세부사항을 체크하고 촬영팀이 해야 할 일을 고지한다. 그리고 촬영팀은 고객이 월급을 준다는 생각을 가지고 상담팀의 소리에 귀를 기울인다.

촬영팀 자체교육

고객이 촬영 후 마음에 안 든다고 하면 어떻게 할까? 고객을 기다리지 않게 체계적으로 돌아가면 재촬영 비율이 적다. 재촬영의 정의를 잘 내리고 고객에게 사전 공지를 하는 것이 중요하다.

"촬영은 해 드리지만 컨셉 의상을 절대 바꾸어 드리지는 않습니다."

"CD는 무조건 반납을 받습니다."

사진 셀렉은 촬영자가 직접 한다. 짧은 시간이지만 촬영하는 동안 고객과 친밀감이 가장 높기 때문에 촬영자가 촬영 의도를 전달한다.

담당 지정이 있어서 댓글 확인하는 업무, 후기 신청방 관리 업무, 작업하는 업무가 분리되어 있다. 일이 밀리는 경우에는 서로 도울 수 있도록 하고 있다. 촬영팀이지만 스케줄 위주의 업무를 하고 있는 팀원도 있다.

전 직원에게 무전기는 필수품이다. 오너와 알바, 작업실 근무자 모두 예외 없이 착용한다. 전 직원은 점심을 먹으면서도 무전의 내용을 확인을 한다. 상담자들은 상담을 하면서도 착용한다. 업무의 원활한 진행을 위해 고객 동선 움직임을 무전으로 수시로 소통하여 업무의 집중도를 높이는 것이다. 업무의 집중력 때문에 힘이 들 것 같지만, 제시간에 퇴근하는 것이 더 중요하다.

손발이 척척 맞는 것이 준비된 스튜디오의 비결은 자체교육이다. 처음에 입사하면 베이비에 대한 상식을 교육한다. 앉는 방법, 울 때 대처법, 자세 등을 가르친다. 신입은 돌, 백일, 50일 순으로 신체의 흐름을 가르쳐서 안전하게 촬영하는 포징을 가르친다.

아가를 잘 다루는 사람이 50일을 다룬다. 되도록 50일은 여성 촬영자가 촬영한다. 엄마가 분유를 먹이면 시간이 지체되어서, 시간 절약을 위해 분유도 직원이 먹이는 경우도 있다.

대기하는 고객을 위해 매일 팝콘을 튀긴다. 주말의 경우에는 바닥청소를 해야 하는 번거로움이 있지만, 고객이 좋아한다. 고객이 기다리는 동안 소소한 재미를 느끼며 즐거워하고 집에도 싸 가지고 간다. 이미지가 좋아지는 효과가 있다.

이러한 사소한 것이 모여서 계약이 되는 것이다.

상담자의 기본기

준비된 스튜디오는 상품을 단순하게 하여 판매한다. 고가의 상품을 구매하는 경우, 고객은 그 이상의 서비스를 누리려 한다. 문제는 서비스도 비용이라는 점이다. 과도한 서비스는 지출의 증가로 이어져서 수익률에 문제가 생긴다.

고가상품의 경우, 돌잔치 스냅이 포함되어 있는 경우가 많다. 스냅은 인력을 맞추고 유지 · 관리하는 데 많은 에너지가 소비된다. 스튜디오 운영상 실상은 다량의 상담을 하기 위한 것이 제일 크다. 다량의 상담을 한다는 것은 계약률이 좋다는 것이다. 그러나 비싼 것을 팔면 기분은 좋지만, 막상 평균을 내 보면 실소득이 적은 경우가 많다.

팔고 싶은 상품을 짧은 시간에 다량으로 파는 것이 목적이다. 홈쇼핑처럼 단시간에 많이 파는 것이 목적인 것이다. 상담자는 자신 있게 팔아야 한다. 자다가 잠꼬대로 이야기할 정도로 설명의 달인이 되어야 한다. 실제로 홈쇼핑의 쇼호스트의 말을 분석하면 상담에 도움이 된다.

촬영 가이드를 안내하는 것이 좋다. 고객의 오리발과 클레임을 방지하기 위함이다. 엎드리는 연습, 고개 드는 연습 등의 내용 등에 대해 "안내를 하나도 못 받았는데요."라고 하면 꼼짝 없이 당한다.

상담자는 기본기가 중요하다. 첫 번째는 신발 정리, 두 번째는 고객에 대한 마음가짐이다.

"카운터(대기 공간)에서 서비스가 가장 중요합니다."

"고객이 나갈 때 웃게 만들어라."

이것이 바로 상담자의 신조이다.

최고의 상담은 고객이 먼저 물어보게 하는 것이다. 즉, 주도권을 잡는 것이다. 그러기 위해서는 상품 구성 및 기획이 중요하다.

상담자에게는 특히 매뉴얼이 중요하다. 포지션, 업무에 대한 매뉴얼, 사내법규의 매뉴얼 덕에 직원들의 이직이 적다. 갈팡질팡하지 않고 신입직원은 일주일 동안 매뉴얼을 집중적으로 교육시킨다.

오너는 솔선수범하는 리더가 되어야 한다. 수레 위에서 명령하지 않고 같이 수레를 끄는 리더가 되어야 한다.

직원들은 오히려 그런 모습을 부담스러워 한다. 오너가 허드렛일을 하니, 부담이 되어 일을 할 수밖에 없다.

초도미팅

상담자가 고객과 친해지는 방법은 촬영하는 고객의 행동을 수시로 체크하는 것이다. 항상 눈을 마주치며 인사하는 등 아이컨택을 하여 신뢰도를 높이는 것이 중요하다.

상품 구매의 생각이 없어도 설명을 해야 한다. 만일 생각이 없다고 하면 이런 멘트를 날린다.

"그런데 어떡해요. 오늘만 받는 혜택이 있어서 설명을 해야 해요."

"만약 오늘 만삭촬영 때 설명을 못 들으시면 50일 때 오셔서 분명히 후회하실 거예요."

"그래서 지금 설명 드릴게요."

만일 고객이 "안 할 거예요."라고 해도 상담자는 무조건 설명해야 한다.

상담자는 사진에 대한 자부심이 있어야 한다. 자부심으로 아기가 울어 촬영을 제대로 못해도 "어머! 웨딩보다 더 이쁘지 않나요?"라고 이야기한다.

"어머니 너무 이쁘게 나왔네요. 얼굴도 작고요."

계속해서 칭찬해 주어야 한다. 고객에게는 칭찬을 아끼면 안 된다. 뻔한 이야기라도 해야 한다.

"분위기 있게 잘 나왔어요."

사진에 대한 자신감이 없으면 못한다. "아침에 촬영한 50일 사진인데요."라면서 고객에게 보여 준다. 아기의 장점, 포인트를 살려서 칭찬해야 한다.

"아가의 볼살 보세요. 끝내주죠."

"눈동자 장난 아니다."

"이렇게 멋지게 잘 찍어요."

신규 상담자에게는 초도미팅이 매우 중요하다. 50일의 경우에는 초도미팅 때 바로 계약을 해야 한다. 고객이 계약 생각이 없더라도 부담 없이 설명을 해야 한다. 만삭 때 계약을 하지 않고 50일 때 오면 고객이 오자마자 물어본다.

"어머니 만삭 때 이벤트 못하셨는데 오늘은 어떤 마음으로 오셨어요?"

"금일 계약이 결정되면 동화 속 컨셉 더 촬영할 수 있는데요."

"촬영 분량을 많이 촬영해 드리려 하는데요."

계약을 하라는 것이 아니고, 생각이 있는지 여쭈어 본다. 이렇게 선 미팅을 하고 있으면 촬영팀에서 "어떻게 할까요?"라고 무전이 온다. 상담 결과에 따라서 "기본입니다." 또는 "동화 속 컨셉 2개 더요."라고 무전으로 답한다.

주말에는 모니터실이 부족하기 때문에 고객이 대기하는 시간이 길다. 어쩔 수 없는 상황이지만, 밖에서 대기하는 동안에 이야기를 많이 걸어 주어야 한다.

기다리는 고객을 위해 볼거리를 많이 준비하고 있다. 아기가 울어서 촬영을 잠깐 쉬면 "엄마 힘드시죠?"라고 말을 건네며 아이도 봐준다.

"저희 스튜디오에 아기 잘 보는 전문가 10명이 있는데 저희가 재워 드릴까요?"

안에서 재우고 엄마 아빠는 편하게 머무를 수 있도록 한다. 고객의 편안함은 매출로 이어진다.

고객 상담

상담을 하다 보면 단일상품만 원하는 고객이 있다. 상담자의 성향에 따라 다르겠지만, 필자가 인터뷰한 상담자는 두 가지를 집중해서 판매한다.

돌만 촬영한다고 한 고객의 상담의 경우가 있다. 반전은 고객의 속마음은 백일만 촬영을 하고 싶었던 것이었다. 고객의 의사와는 무관하게 어떠한 편견 없이 상담을 한다. 한 가지만 자신 있게 설명하는 것이다.

상담을 하다 보면 아빠와 엄마 중 한 사람이 구매 결정을 보류 하는 경우가 있다. 따라서 돈 쓸 사람을 빨리 파악한 후, 결정권이 없는 사람을 집중 공략해야 한다. 예를 들어, 아빠가 결정권자라면 엄마를 공략한다.

"생각을 안 하고 왔어요."라고 한다면 초도미팅의 중요성이 나온다. 촬영 전 초도미팅 때 확실히 이야기한다.

"나중에 오시면 더 감사합니다."

"혜택을 못 받으시니 더 비싸게 받으니 더 좋습니다."

중요한 건 생각을 안 한 고객이라면 나중에 오셔도 안 한다는 것이다.

말솜씨보다 고객을 지루하지 않게 체계적인 진행과 응대가 제일 우선이다. 만삭사진을 촬영하고 상담을 하다 보면 "내가 저렇게 뚱뚱해?"라고 하시는 분이 많다. 그것을 불식시키는 것은 초도미팅이 또 필수적이다.

"고객님 오늘 예쁘게 잘 찍으실 거고요."

"메이크업해 드리고 의상도 드레시하게 세팅을 해서 고급스럽고 퀄리티 높은 사진을 해 드릴 겁니다."

"고객님 사진 잘 안 나올 겁니다."

"임신을 하게 되면 여성으로서 몸이 제일 망가진 상태입니다."

"배도 나오고 살도 많이 찌고 엄마 그 모습 보시면 실망하실 거예요."

초도미팅을 함으로써 고객 불만은 줄고 계약률은 현저하게 올라간다. 고객 상담을 잘하기 위해 상담팀장은 상담일지를 쓴다. 고객의 불만사항을 잘 메모했다가 주변 상담자와 의논과 토론을 한다.

고객을 만족시키기 위해 아빠들이 편지를 쓰게 하여 고객 만족을 상승시키는 방법도 있다. 우선 초도미팅 때 시간 안내가 중요하다. 그다음으로는 촬영 순서와 소요시간 안내가 중요하다. 엄마가 옷 입는 동안 아빠에게 설명한다.

"엄마가 얼마 있다가 출산의 고통을 경험하십니다."

"힘내라는 의미로 이벤트 해 주시면 좋습니다."

"먼 훗날 아이를 위해서도 좋습니다."

"엄마가 힘내하는 의미로 이벤트 준비했습니다."

아빠들이 처음에는 무엇을 쓸지 방황을 한다. 편지를 쓸 수 있도록 표준전과처럼 편지의 예문을 4가지 정도 준비한다. 10명 중 9명이 보고 쓴다.

촬영이 끝나고 사진을 보고 마지막에 영상 제작한 것을 보여 준다. 영상에 클로징 멘트로 아빠가 쓴 편지글이 올라간다. 손 편지 글씨체를 스캐닝하여 영상에 그대로 들어가 감동은 두 배가 된다.

그리고 돌 때는 100명 중 5분 정도는 쓰지 않는다. 첫아이 때 써 본 분들이다. 스마트폰용 영상이라고 정확히 공지해야 한다. 돌잔치 시 사용하는 줄 알고 착각하시는 경우가 많다.

TM 매뉴얼

TM자가 고객에게 전달할 주요 사항은 할인이벤트와 혜택이다. TM자는 가격이나 자세한 이야기는 하지 않아야 한다. 전화 상담 중에 고객이 종종 가격을 물어보는 경우가 있다.

"어머니 죄송해요. 저희는 확인 전화만 드리는 겁니다."

"궁금하시면 저희 담당자가 전화하겠습니다."

라고 이야기하고, 상담을 원하면 상담 담당자가 다시 전화를 하도록 한다.

전체적으로 잘 짜인 대로 움직이려면 상담자의 역할이 중요하다. 상담 실장은 상담과 TM 관리를 하며, 상담자는 TM 매뉴얼을 작성하여 TM 업무 담당자에게 전달한다.

TM 업무 담당자의 주관적인 생각이 들어가다 보면 이상한 말이 만들어진다. 하지 말아야 할 말을 하는 경우가 많기 때문이다. 다수의 고객을 상대하기 때문에 주관적인 말이 들어가서는 안 된다. 따라서 촬영 준비사항, 이벤트(상품 안내) 내용 순으로 이야기한다. 그래야 고객이 부담도 가지지 않고 잊어버리지도 않는다. 서로를 위해서 준비사항은 카톡으로 또 보내는 것이 좋다.

꼭 멘트를 만들어서 주는 것이 포인트인데, TM자와 상담자 사이에 피드백이 중요하다. TM자와 정기적인 회의를 통해 "이런 멘트 넣어 주세요. 이런 멘트는 빼 주세요."라고 주문을 한다.

상담자는 전체 흐름을 보고 조율을 해야 한다. 스튜디오는 체계적으로 돌아가서 실수가 없어야 한다. 그래야 클레임도 없고 인터넷에서 난도질당하는 경우도 없다.

만약 시스템이 없다면 예약 확인 전화 등도 시뮬레이션 해 보아야 한다. 직원들이 각각 다른 말을 할 수 있기 때문이다.

교육 주기는 직원들의 정신상태가 풀어졌다 싶으면 한다. 그리고 직원들이 교육을 할 때에는 휴대폰으로 녹음을 한다. 하루 전 통화는 누구나 할 수 있기 때문에 그 역시 멘트를 만들어서 연습시킨다.

고객 서비스

　고객들의 대기시간에는 직원들이 계속 챙겨 주어야 한다. 직원들은 입에 음료수 이야기가 붙어 있다. 지루하게 있는 아빠에게 "음료 드시겠어요?"라고 물어보면, 아빠가 "괜찮습니다."라고 한다. 잠시 후에 다른 직원이 또다시 같은 질문을 한다. 그때는 아빠도 웃고 긴장감이 풀린다.

　이런 부분들이 스튜디오 직원들에게 생활화되어 있다. 고객들에게 음료, 팝콘, 아기 돌보는 것을 수시로 챙겨 준다. 아기가 울 때, 엄마가 아기 돌보는 것을 잘 못하는 경우가 있다. 그러면 전 직원들이 나서서 돌보아 준다.

　만삭촬영은 초도미팅이 특히 중요하다. 만삭 고객에게 여기에 왜 오셨는지, 만삭사진을 왜 찍으시는지 물어보며 질의응답을 한다.

　"튼튼이(태명)가 어린이집 친구들이 나중에 같이 볼 사진이에요."

　"어린이집이나 유치원에서 성교육을 할 때 만삭사진 가져오라고 합니다."

　이렇게 고객과 공감이 되는 이야기를 나누며 친밀감을 쌓는다.

　상담자는 사진에 대한 의미와 중요성을 많이 이야기한다. 고객에게 금액은 중요하지 않다. 고객을 이해하고 공감하는 것이 중요 하다.

　상품은 고가부터 설명한다. 저가는 보여만 주고 패스한다. 메인상품을 설명할 때는 안내문을 가지고 설명한다. 이때, 메모하면서 상담해야 한다. 고객이 고민하면 다른 상품을 보여 주고 설명한다. 고객에게 적절한 상품을 안내한다는 마음가짐으로 상담에 임한다.

상담자에게 중요한 것은 50일 스케줄 확인 TM이다. 만삭 때 계약을 하신 분들은 계약금으로 전환이 되니 상품 결정 생각하고 오시라고 안내한다. 한 달 전, 일주일 전, 하루 전 이렇게 세 번 전화한다. 촬영을 결정하시면 당일에 받는 혜택이 많이 있으니 생각을 하고 오라고 안내한다. 상품을 결정하라는 의미로 이야기해서는 안 된다.

상품 안내를 받을 거라는 메시지를 단계적으로 하는 것이 좋다. 한 달 전에 전화할 때는 가벼운 대화를 한다.

"어머니, 예약 변동사항 없으시죠?"

그리고 일주일 전에는 메시지를 넣어야 한다.

"촬영일에 오시면 특별한 이벤트랑 할인 이벤트가 있습니다. 오시면 안내해 드릴게요."

고객이 스튜디오에 도착하면 바로 상담실로 안내하고 초도미팅을 한다. 신규상담 첫마디는

"촬영 안내 도와 드릴게요. 서비스 내용 정확히 아세요?"

이다. 그리고 안내를 한 후에는

"오늘 상품 안내할 건데 괜찮으시죠?"

라고 물어본다. 이때, 촬영, 사진 보기, 상담은 총 2시간 걸린다고 미리 이야기한다.

상담자는 메이크업실에서 고객에게 관심을 보여야 한다. 옷을 갈아입

을 때에도 "어머! 이쁜 거 잘 고르셨네요?", "20대 초반으로 보이세요." 하며 관심을 보인다.

메이크업은 메이크업학과 학생을 알바로 고용한다. 동기 부여가 중요한데, 1년 6개월 정도 알바를 하다가 좋은 곳에 취직을 많이들 한다. 메이크업학과 학생들은 우리 쪽에서 경력을 쌓아서 아직 졸업도 하지 않았는데 강사로 빠지기도 한다. 면접을 볼 때 경험을 쌓아서 잘 풀린 성공 사례를 이야기해 주면 좋다.

아무래도 20대 초반 친구들이라 쑥스러움 때문에 말을 잘 못한다. 상담자와 촬영자가 수시로 들락거려 자연스럽게 고객과 이야기하는 것을 익힌다. 초기에 여러 가지를 주면 알바가 이해하기 어렵다. 질문거리만 정리하여 물어만 보고 듣기만 하라는 주문을 많이 하였다.

"웨딩 언제 찍으셨어요?"

"원하시는 스타일 있으세요?"

"태명은 누가 지었어요?"

"출산 준비는 다하셨어요?"

등의 질문 리스트를 준비해 준다. 그리고 2주가 지나면 엄마를 제압할 정도로 이야기를 잘한다. 질문 매뉴얼을 만들어 신입 메이크업이 오면 숙지시키고 있다.

오너는 힘든 척하면서 상담자들의 요구에 귀를 기울여야 한다. 탁상 공론이 아니라 현장의 이야기이기 때문에 더 잘 들어 주어야 한다.

조직이 강해지려면 간부 육성이 포인트이다. 아울러 상담직원과 커뮤니케이션이 매우 원활해야 한다. 직접 대화가 힘들면 카톡으로라도 대화해야 한다. 오너가 바쁘더라도 상담자에게 일일이 신경을 써 주어야 한다. 그리고 상담자는 카톡으로 1일 보고를 한다.

시뮬레이션

직원들에게 적극성을 끌어내는 능력이 오너에게 있어야 한다. 오너는 직원들에게 적절한 업무를 억지로 주지 않고, 적당한 업무를 하고 있는지 확인해야 한다. 의욕이 없는 직원에게는 억지로 업무를 주어서는 안 된다. 매출 유지를 위해 상담 매뉴얼을 만들고 시뮬레이션을 해야 한다.

고객 만족의 80%는 홀 서비스이다. 따라서 홀 서비스 중심으로 시뮬레이션을 준비한다. 시뮬레이션의 진행은 상담자와 고객 3명의 역할극으로 진행한다. 직원별로 포지션을 정해 준다. 돌아가면서 고객 역할과 상담자 역할을 하는 것이다. 가방을 받는 사람, 아기를 안아 주는 사람, 소독하는 사람 역할을 준다. 직원들이 엄마, 아빠 역할을 하면서 응대 연습을 한다.

그러한 가운데 한쪽에서는 나머지 전 직원들이 지켜보며 메모하거나 영상으로 촬영을 하고, 리더는 엄청난 지적질을 한다. 실전처럼 선미팅하고 계약하는 것까지 30~40분간 진행한다. 전 직원의 눈이 도끼눈이 되어 집중하여 배운다.

항상 매출이 좋을 수는 없기에 항상 긴장감을 놓지 않기 위해 이러한 연습을 정기적으로 해야 한다.

고객이 처음에 입실하면 소독해야 한다. 위생 관리를 철저히 하는 모습에, 고객들이 다르게 보고 안심을 한다. 손 소독기를 뿌려 주면 고객에게 신뢰감을 준다.

"우리 스튜디오에서 수족구가 걸렸다고 하는 고객이 있었습니다."

"우리는 세스코에서 소독인증 필증을 많이 활용합니다."

고객이 잘 보일 수 있도록 부착을 한다. 직원들 본인들이 스스로 느끼게 해 주는 것이 포인트이다.

고객이 처음 입실을 하여 상담실과 촬영실에 가는 것까지 연습에 연습을 한다. 시뮬레이션을 하는 날에는 평소보다 30분 일찍 출근을 한다.

시뮬레이션을 하면 매너리즘이 보완되어 좋다. 사소한 것을 순서에서 빼먹고 하는 경우가 많은데, 고객과 상담할 때 녹음을 하고 분석한다. 분석을 하고 나면 스스로 얼굴이 빨개진다. "어! 왜 이거 설명을 안 했지?"라며 스스로 반성을 한다.

홀 서비스 신입교육은 시뮬레이션으로 반복성, 자세를 중점적으로 한다. 직원들에게 고객을 대하는 철학을 종교처럼 심어 준다. 직원들에게 월급은 고객이 주는 것이라고 주지시키는 것이다.

그 한 예로, 직원들에게 '진상'이라는 단어를 없애라고 한다. 이유는 전파력이 있기 때문이다. 우리의 생활비를 고객이 주고 있다고 이야기해 준다.

부록

사진업계에는 재능 있는 사람이 많지만, 기록이 없다.

그것이 내내 아쉬웠다. 잊혀 가는 사람들에 대한 아쉬움으로 인터뷰를 하고 기록을 남기고 싶었다. 오늘을 사는 우리에게는 선배들의 노력이 있었기에 지금의 우리가 있는 것이다. 인간의 많은 시행착오와 경험이 단절되면 발전이 없다. 사진계의 발전을 이루려면 기록이 남겨져야 한다고 굳게 믿고 있다.

과거의 선배들은 생계를 위해 일을 하였다. 내가 좋아하는 일, 하고 싶은 일을 하고 남에게 손 벌리지 않고 사는 것이 최고의 삶이다. 항구의 배는 거친 풍랑을 향해 도전하는 것이 목적이다. 인간의 삶 또한 도전하고 내가 좋아하는 일을 찾아가는 여행이다. 도전하지 않으면 나를 알 수 없다. 나을 알기 위해서는 꾸준하게 도전을 해야 한다.

사진계에는 촬영만 하는 일이 전부가 아닌 다양한 직업이 있다.

촬영만 하는 것이 정답이 아니다. 나의 재능이 다른 분야에 있을 수 있다. 사진가의 삶을 살면서 다양한 경험과 도전을 한 인물들을 소개함으로써 희망을 주고 싶었다. 소개하는 인물의 삶을 보면서 자아를 찾고 일에 대한 보람과 긍지를 가지기 바라는 마음이다.

김용성 선생님은 2000년대에 한국인상사진계의 교육자이다. 사진계에 400명이 넘는 제자가 김용성 선생님에게 가르침을 받고 현업에서 활동을 하고 있다. 김용성 선생님과 인상사진계의 양대 산맥인 김헌 선생님의 인터뷰를 하지 못한 것이 아쉽다. 다음 기회가 되면 김헌 선생님의 이야기를 기술하고자 한다. 아쉬운 점은 김용성 선생님과 김헌 선생님의 책이 없다는 것이다. 두 선생님의 사상과 철학이 책으로 나왔으면 하는 바람이 크다.

김정대 사진가는 정기적으로 작품 전시를 하는 진정한 작가이다. 사진을 제대로 알고 디지털을 프로사진가에게 정직한 교육을 하고 있다. 사진의 기초부터 CMS, 리터칭 등 해박한 지식을 가지고 있다.

김종석 대표는 사진가 출신 기재업체 대표이다. 김 대표는 어려운 환경에서 수많은 직업을 하면서 갖은 고생을 하였다. 꾸준하게 인생에 도전하여 자신의 천직을 찾은 사람이다. 기재업으로 성공한 김 대표는 사진가를 위해 본사에 있는 교육장과 카페를 제공하고 있다.

지금 하는 일이 당신에게 꼭 맞지 않을 수도 있다.
다양한 도전을 통하여 성공한 인물들을 보면서 자신의 재능을 찾기 바란다.

인물 인터뷰

김용성 선생님

김용성 선생님은 1942년생으로, 충청남도 논산에서 막내로 태어났다. 아버지는 해방 전에 작고하셔서 기억이 별로 없고, 어머니는 독실한 기독교인이셨다. 형제로는 누나 둘과 형이 있었으나, 형은 3살 때 장티푸스로 죽어 기억이 없다.

학창 시절 그는 그림에 관심이 많고, 외롭고, 반항적인 아이였다. 자타가 공인하는 미술에 소질이 있는 아이였다. 김용성은 중학교를 졸업하고 취업을 하게 된다.

사진 입문

지역에서 평가가 아주 좋으신 최경태 선생님(명출사진관)댁에 취업을 하였다. 최경태 선생님은 고향은 대구인데 만주 목단강에서 사진을 하시다가 귀국 후 논산에 자리를 잡았다고 한다. 성실하시고 사진 실력이 상당히 좋으신 분이고, 소년 김용성이 존경하는 분이었다.

최경태 선생님은 소년 김용성을 똑똑한 아이로 인식하고 있었다. 스케치북에 그림을 그리는 소년 김용성의 그림을 보고 깜짝 놀랐다. 자신의 집에 데려가서 식사를 같이하며 "네가 사진을 하면 참 잘할 텐데…."라는 말씀을 자주 하셨다.

명출사진관에는 최경태 선생님, 수정기사, 1년 먼저 근무한 친구가 있었다. 김용성은 사진이 어떻게 나오는지에 대한 궁금증이 많았다. 수정하는 것을 처음 볼 때 필름에 그리는 도구가 연필이 아닌 금속인 줄 알았다. 그림에 관심이 많아 수정하는 것에 관심이 많이 갔다.

친구는 아직 수정을 할 줄 모르고, 기술자에게 물어보면 자존심 때문에 귀찮아했다. 그는 친구에게 필름을 가지고 프린트를 부탁하였다. 분석을 하기 위해 수정 전후를 비교하며 그렇게 혼자 수정 연습을 하였다. 최경태 선생님이 이 모습을 보고는 머리가 좋다고 하며 칭찬을 아끼지 않았다.

취업이라고 할 수 없고 마실 가듯 사진관에 놀러 간 지 3일이 되었다. "제대로 일을 해 보아라."는 최경태 선생님의 말에 일을 하게 되었다.

청년 김용성은 필름 수정의 업무를 맡게 된다. 그는 정성 들여 필름을 수정하고 인정을 받게 되어 그날로 수정을 본격적으로 시작하게 된다. 촬영과 인화에 대해 모르니 '왜 꼭 그렇게 해야 하는가?' 궁금했다.

게다가 잘된 것과 못된 것의 구분이 어려웠다. 잘된 수정과 잘 못된 수정의 비교자료를 요청하여 보았다. 이후 디테일하게 분석하며 열심히 일을 습득하게 된다.

4개월을 근무한 어느 날, 사진관 샘플 사진을 수정하라는 업무가 주

가였고, 유 선생님이 운영하는 전원사진관은 지역에서만 유명한 것이 아니라 전국적으로 유명한 사진관이었다.

유석영 선생님은 항상 카메라를 메고 다니시고 지역에서 존경을 받는 훌륭한 인품을 가지고 계셨다. 전원사진관은 비교적 작았으나 터는 넓었다. 유석영 선생님은 김용성을 인정해 주었는데, 훗날 군대 제대 후 유석영 선생님이 김용성을 찾는다. 지인을 통하여 "김 군, 선생님이 만나길 바라고 계시네."라는 전갈을 받는다.

'선생님께서 왜 나를 찾으실까?' 김용성은 훈계를 받을 생각을 하고 유 선생님을 만나게 된다. 밤 10시에 선생님 내외분과 만났는데, 10시에 만난다는 것은 비밀 이야기를 뜻하는 것이었다.

"자네는 사진으로서 딱 어울린다는 생각을 하고 있었네."

당시에 선생님에게는 딸만 두 분이 계셨다.

"자네가 내 대신에 사진관을 맡아 주게."

"선생님, 어려운 이야기 같습니다. 일단, 라이벌 관계입니다. 저 보다도 선생님에게 누가 됩니다. 또한 제가 근무하는 사진관이 어려워집니다."

아무리 잘해도 사진관마다 고유의 색이 있어 제안을 받아들이기 쉽지 않았다. 유석영 선생님의 제안을 뿌리치기보다는 생각해 보겠다고 하였다.

김용성 일생에서 제일 존경하는 사진가는 유석영 선생님이었다.

대전과 서울에서의 사진 인생

김용성은 발전을 위해 큰 무대를 향해 옥광스튜디오를 떠난다. 조수로 있던 사람이 성실하고 인품이 좋아 마음 홀가분하게 떠날 수 있었다.

대전에서 사진 생활을 하고 1968년도에 친구의 권유로 서울 보문동에 재능투자 동업을 하게 된다. 고향의 땅을 정리하여 인수하였는데, 영업은 잘되었지만 다른 사업에 관심이 있었다. 그 당시 가발이 유행을 했었는데, 사진관을 경영하면서 가발공장을 하게 된다.

하지만, 미국 대통령 닉슨이 쿼터제를 시행하는 바람에 우리나라 가발업계가 망하게 된다. 사업에 실패한 그는 삵수정(지금으로 말하면 포토샵을 대신해 주는 것)을 하게 된다.

삵수정으로는 생활이 어려웠는데, 실력을 인정받아 단가는 조금씩 올라가고 있었다. 삵수정을 하는 솜씨에, 김용성은 '얼굴 없는 실력가'로 알려지게 된다.

한양사진관

1980년 압구정에 11평 사진관인 한양사진관(이병사 대표)에 근무를 하게 된다. 한성에서는 새벽부터 고객이 찾아올 정도로 인기가 좋았다. 한성사진관 이병사 사장님은 한성을 운영하면서 1993년에 사진문화원을 준비한다. 1995년도에 오픈했는데, 김용성은 1997년 사진문화원 기술담당 사장이 된다.

김용성은 음악과 미술을 좋아하여 사진 속 미술의 구도, 디자인, 음악의 화성적인 것이 어우러져 있다. 사진을 하면서 본질을 찾아 사진에 녹여 냈다. 사람들은 "어떻게 사진에 음악이 들어갑니까?"라고 말도 안 된다고 하였다. 하지만 김용성은 사진에 형태를 넣어 음악적 요소를 심어 호평을 얻었다. 사진에 구성적인 리듬감을 주어 표현한 것이다.

사진에는 촬영자의 색이 있어야 한다. 사진 속에서 작가의 사상이 느껴져야 한다.

"잠재되어 있는 능력이 일을 하면서 끼워지게 됩니다."

반면, 한양스튜디오에 근무하면서 고객과 충돌이 많았다. 다른 사진관에서는 그런 사진을 본 적이 없어 고객들은 많이 찾아왔지만, 요구사항이 많았다. "이렇게 찍어 주세요."라고 고객이 요청하면, 김용성은 "그럼 네가 찍어."라고 응했다.

"뭐 이런 사람이 다 있어?"

그러나 찍히는 과정에서 고객들은 감동을 하였다.

"아하~ 아까는 죄송했습니다. 아까는 멋모르고 까불었네요."

사진이 마음에 드니 추가와 큰 액자 사이즈 확대가 많았다. 촬영할 때의 감동이 찾아갈 때까지 이어지고, 고객이 많이 홍보해 주었다. 독특한 것은 매력이 있고, 매력이 있으면 찾아오게 마련이다.

한성은 11평에서 22명까지 촬영을 하였다. 일본에서 많이 찾아오고 교육 의뢰가 많이 들어왔지만, 일본어의 소통의 문제로 교류는 힘들었다. 김용성의 본질은 촬영하면서 피사체와 대화가 중심이었기 때문이다.

"사람의 본질을 촬영해야 합니다."

"사람의 감성을 끌어내 그 사람을 촬영해야 합니다."

"차 한잔하는 동안 사람의 본질을 파악하고 촬영해야 합니다."

고객이 스스로 오면 나를 인정한 것이지만, 어쩔 수 없이 오는 것은 인정을 받을 수 없었다. 백화점은 가고 싶어서 가는 거고, 남대문 시장은 지나가다가 사는 것이다. 인정을 받지 못하면 더 깎아 주어야 한다. 이 사진관에는 김용성 작가에게 사진 촬영을 부탁하고 싶어 오는 것이라서 별다른 군소리가 없었다.

세븐스튜디오

사장으로 취임을 하고 학교 앨범에는 관여를 하지 않는 조건으로 입사를 하였다. 직원들이 문제가 생기면 물어보는 일이 많아 어쩔 수 없이 해결해야 하는 일이 생기게 된다. 김용성은 경영자는 아니었지만 자리의 역할이 자연스레 주어진 것이다.

학교 앨범을 만들려면 종이를 사서 인쇄소에 주는 형태였다. 종이를 싸게 사고, 인쇄비를 줄이는 것이 중요했다. IMF가 지나 우리나라 경제가 엉망인 시절이었다. 인쇄소에서 올려 달라고 하니 회사에서는 올려 준다고 약속을 한 상황이었다. 15% 인상해 주기로 약속한 것이다. 김용성은 인쇄소에 가서 부탁을 하게 된다.

"우리 직원들이 많습니다. 손해만 아니면 15% 다운시킵시다. 상호 생존을 합시다."

이 과정의 조율이 제일 힘들었다. 3일 만에 거래를 못한다고 하였다. 15% 할인은 못한다는 뜻이었다. 하지만 10%는 할인할 수 있을 것 같았다. 큰 규모의 회사다 보니 스튜디오를 우습게 보던 시절이었다. 대표와 영업부장이 사촌이라는 것을 알고 심리전을 펼치게 된다.

"부장님이 실세라면서요?"

"어떻게 아셨나요?"

"그런 정도는 알아야죠. 실세 분에게 여쭙겠습니다. 도와주세요. 우리 회사가 엉망진창이고, 사진계가 엉망진창입니다. 인쇄비를 할인해 주세요."

꼼짝 못하게 몰아갔다. 결국 거래가 성사되어 종이 원가를 절감할 수 있었다. 당시 대학교 앨범에 CD앨범이 나갔는데, 원가는 7,000원, 원본이 5만 원이었다. 그는 이렇게 원가를 절감한 비용을 교육비로 사용하고 직원에게 공부를 시켰다.

"네가 공부를 하고 와서 현상실에 오픈시켜라."

앨범 가격은 현실적인 가격으로 제대로 받고 CD는 무상으로 주기로 한다.

"CD를 그냥 주면 2만 원 올리기는 쉽습니다. 아울러, 다른 학교 앨범 거래처도 확보할 수 있습니다."

김용성은 세븐스튜디오에서 고문 역할을 하고 6층에 빈공간이 있어 사용하였다. 이 공간에서 아카데미 1기생을 배출하게 된다.

사진 철학

사진을 하면서 "왜 이렇게 하지?"라고 스스로 물어보는 일이 많았다. 예를 들면, 왜 45도 채광을 하는지에 대한 정리를 해 주는 사람이 없었다. 이유를 찾기 위해 많은 노력을 기울였다. 옥광스튜디오에서 연구한 것이 많은 도움이 되었다. 미술은 명암(콘트라스트)이 있어야 하는데, 45도의 이유가 여기에서 나온 것이다.

그는 또 촬영을 할 때 자세의 본질이 무엇인가에 대한 많은 고민 끝에 인체의 척추 흐름에 대해 연구하였다. 사람의 체형, 사진의 본질을 연구한 것이다.

그리고 그는 B(저속)셔터(정지상태)에서 사람의 표정을 요구하는 것은 이치에 맞지 않았다고 생각했다. 그림이라면 맞지만, 사진에서는 전부 가짜인 것이다. 사진은 그때 그것을 촬영해야 하는 것이다. 프로 작가는 "웃으세요."라고 하면 안 된다. 이것을 꺼내야 작품이 된다고 생각했다. 촬영할 때 '하나 둘 셋' 자체가 가짜인 것이다.

옥광스튜디오 시절 대표가 미술학교 교사 출신이다 보니 미술과 실무의 대화를 많이 나누었다. 진지하고 깊이 있는 대화를 한 것이 김용성에게 큰 영향을 주었다. 대표는 사진을 몰랐지만 미술과 사진이라는 공통점으로 대화가 잘 이루어졌다.

컬러링(리터칭)의 시작은 물감에 사진에 적용하면서 작업했다. 정보를 수집해 보니 "프린트할 때 부분 노출을 준다.", "페이퍼가 다르다."는 등의 엉터리 정보가 많았다. 김용성은 미국코닥 염료를 물에 녹여서 그림을 그리듯 그렸는데, 그는 그때부터 농담과 혼색을 잘하는 사람이 되었다.

국내 현상소에서는 현상이 일률적이지 못했다. 일정한 현상을 위해 국내에서는 하지 못하고 일본으로 보냈다. 그러던 어느 날, 미국인 사진작가 '미스터 매시'를 만나게 된다. 현상이 일정하지 않아 한국코닥 현상소와 자주 이야기를 하던 차였다. 매시는 남미담당 고문이자 사진가였다.

"등촌동에 있는 코닥현상소는 한국 기업입니다."

"미국코닥 본사는 원자재와 기술협력을 하는 것뿐입니다."

김용성과 매시는 사진작가라는 공통분모 덕분에 이야기가 잘 통했다. 매시는 김용성이 수정한 사진을 보고는 깜짝 놀란다. 김용성은 매시에게 미국의 리터칭에 대해 물어보았다. 매시는 빙그레 웃으며 "김용성 당신이 한 것이 더 좋습니다."라고 대답하였다.

그 후 김용성은 1992년도 찰리가 하는 현상소(미국)로 향한다. 그곳에서 그는 작업 방식의 차이를 보고 오게 된다.

김용성아카데미

그의 이름이 본격적으로 알려진 것은 1980년대였다. 강의 요청이 많이 들어왔고, 출근을 하면 많은 사람들이 기다리고 있었다. 지방에서도 많이 왔었는데, 커피 대접을 하다 보면 작업할 시간이 부족하여 어쩔 수 없이 저녁 9시 이후에 오라고 하였다.

그는 강의를 하면서 많은 사진가들이 인격적으로 기본이 없다는 것을 느끼게 되었다. 기능만 가지고 큰소리치는 것이지, 그들에게는 가치며 이론이며 철학이 없었다. 아는 것 없이 연구도 하지 않고 도제식의 배움뿐이었다. 이러다가는 사진계의 발전이 어렵겠다는 생각이 들었다.

1999년 세븐칼라 6층에서 김용성의 철학을 정립하고, 1기생으로는 6명을 배출하였다. 3개월(12주) 코스였는데, 입소문이 퍼져 많은 제자들이 찾아왔다. 많은 사진가들이 원하는 교육은 포징이 압도적으로 많았다.

제자들이 전혀 이해하지 못하다가 깨달을 땐, "아! 이런 거구나!"라며 희열을 느끼게 된다. 김용성은 교육을 받으러 온 사람은 용기 있는 사람들이라고 생각했다. 아는 척은 하는데 정작 알지는 못하는 사람들이 많았다. 그렇기에 모르는 것을 모른다고 하고 배우는 사람이야말로 용기 있는 것이었다.

많은 제자들이 교육 수료 후에 도움이 된다고 말했다. 그럼에도 제자들을 가르치는 데 많은 어려움이 따랐다. 속을 채워야 겉도 변하는데, 겉만 변해서는 속이 채워지지 않았다. 그래서 김용성은 포즈를 억지로 만들지 않고, 대화를 하면서 촬영하는 것을 가르쳤다.

그 가운데 기존의 것을 잊게 하는 것이 제일 어려웠다. 프로사진가들은 사진을 전공한 학생들과 큰 차이가 없었다. 오히려 프로사진가들의 수준이 더 낮았다.

암실도 필요 없는 세상이 오고, 장비가 좋아지고 있는데 사진학과에서는 기능교육밖에 없었다. 은염보다 자동 프린터인 잉크젯 프린터가 수명도 길고 계조 표현도 좋아지고 있었다. 장비의 발달로 인하여 사진을 배우는 데 있어서 "왜 찍느냐?", "무엇을 찍느냐?"가 중요했다.

그림은 "무엇처럼"이지만 사진은 "그것"이어야 했다. B셔터의 통제된 느낌, 생명이 없는 사진을 촬영해선 안 되었다. 사진에서 필요한 것은 피사체와 소통이고 대화이기에 사진의 본질로 가야 했다. 말은 상대방을 기쁘고, 슬프고, 화나게 하는 컨트롤 무기인 것이다. 감정이 들어가서 살아 있느냐가 중요한데, 사진가는 이것을 찍어 내야 한다.

인상사진 작가는 카메라맨이 되어서는 안 된다. 마치 영화감독처럼, 사람과 내면적인 대화를 해야 한다. 음악이 들리지 않는다면 죽은 거다. 그런데 많은 사진가가 상품을 만들어 내고 있다. 이것은 아마추어가 할 일이다.

사진은 이야기를 만들어야 하고, 그 이야기가 벽에 걸려야 한다. 사진 한 점이 인테리어가 되고 디자인이 되어 생활과 관계되어야 한다. 이를 위해 인상사진 작가는 감성을 가지고 사람의 감정을 끄집어낼 줄 알아야 한다. '왜'라는 가치, '무엇'을, '그것'을 표현해야 하는 것이다. 촬영 도중에 그 사람만의 본질의 감정을 꺼내야 한다.

김용성은 촬영할 때 무선 셔터를 사용하여 고객과의 감정소통에 집중하였다. 카메라나 조명의 위치보다는 피사체와 대화를 하면서 주머니 속에 있는 셔터를 누르며 촬영한 것이다. 촬영을 언제 했냐고 놀라워하는 사람도 있고, 촬영이 끝나고 화를 내려는 사람도 있었다. 촬영을 끝내고 나면 "아하! 이게 진짜구나."라며 감탄하였다.

억지로 만든 쇼는 공감과 감동을 줄 수 없다. 심리적으로 편안하고 이해하며 꺼내야 한다. 꺼내기 위해서는 감성을 가지고 대상을 바라봐야 하며, 정서적인 인문적 소양을 갖추어야 한다. 사람과의 대화능력을 이끌어 내는 것이 중요하다. 대표적으로 사람들의 가정적인 이야기가 경직된 것을 풀어준다.

그는 이렇게 말한다.

"작금의 사진계가 엉망인 것은 싼 데를 찾아가기 때문입니다. 사진이 작품이 아니고 제품이 된 것입니다. 더 천하고 망가지는 시장으로 갈 것입니다. 고객들은 차라리 안 찍고 자신들이 스스로 촬영을 할 겁니다. 기능공들은 사진을 만들어 내지만 창의력으로 새로운 사진을 개발하지 못합니다."

현재 진정한 작가란 보기 힘들며, 지금부터 우리가 노력해야 하는 이유에 대해 그는 이렇게 설명한다.

"사진을 보고 사람과 호흡이 되지 않으면, 작가도 없고 작품도 없습니다. 사진은 호흡이 되고 가치가 있어야 합니다. 인상사진은 어떤 가치가 있느냐가 중요합니다. 사진에는 가족과 사람이 살아가는 감성이 느껴져야 합니다. 제품생산자가 아닌 작품을 만드는 사진가가 필요합니다. 사진을 보고 즉흥적으로 느낌이 있어야 합니다. '와!' 하고 감동을 느껴야 합니다. 그리고 감동을 느낀 사람이 공감을 해야 합니다."

그는 사진가가 주도권을 가져야 한다고 주장한다.

"제 고객들은 주변 사람들이 물어보아도 이야기하지 않습니다. 비밀은 감출수록 자랑이 되고 소문이 저절로 나는 것입니다. 고객은 내 작품을 보고 온 것입니다. 주도권은 나한테 있습니다. 고객에게 인정을 받으면 싸게 한다는 것은 말이 안 됩니다."

그러면서 고객과의 소통을 강조한다.

"고객이 오면 차 한잔하면서 사람의 본질을 파악해야 합니다. 고객을 직업적으로만 상대하지 말고 고객의 내면인 알맹이를 찾아야 합니다. 이를 위해서는 고객을 편하게 해 줄 능력을 가지는 것이 중요합니다. 촬영을 할 때는 '이렇게 하라'고 해서는 안 됩니다. 그러면 흉내만 낼 줄 알게 됩니다. 고객과 소통이 중요한 것입니다."

그러나 수료생들이 현장에 가면 고객과의 대화를 어려워한다.

"나는 이런 부분이 설득력이 없구나, 라고 하면서 스스로 체크를 해야 합니다. 대화를 할 수 없는 사진은 사진이 될 수가 없기에 날마다 연습을 해야 합니다."

그는 사진가는 홀로 스피치를 통해 자꾸 연습해야 한다고 강조한다. 대한민국의 사진가를 교육하면서 실망도 많이 하였다. 장사꾼의 개념만 있는 사진가들이 많았기 때문이다.

"생존을 위해서는 공부를 하고 고객과 소통을 해야 합니다. 자기 특색에 맞는 사진, 특별한 사진이 살아남을 것입니다."

김용성은 고객과의 커뮤니케이션이 주입식 이야기가 아닌, 고객과 질문을 하고 공감할 수 있는 이야기를 하는 방식으로 이루어져야 한다고 말한다.

"예를 들어 가족사진 촬영을 하는데, 3대가 오면 정신없습니다. 아이들이 뛰어도 제어가 안 되고 혼잡스럽습니다."

손님이니 직원들도 터치를 못한다. 직원들은 김용성에게 요청한다. 김용성이 "이 아이 엄마가 누구요?"라고 물어보면 아무도 말을 못한다. "너 이리 와 보거라." 아이는 오지 못하고 숨는다. "이름이 뭐니?" 말 못하고 할머니가 대신 대답을 한다.

그는 아이에게 사탕을 건넨다. "이거 할아버지 주고 오세요. 이건 할머니 주고." 아이에게 은근히 기합을 준다. "그다음 이건 네 것." 그러면 아이는 조용해진다. 이렇게 조용해지면 할아버지를 촬영한다.

"할아버지, 건강하세요?" 그러면 몸이 여기저기 아프다고 이야기한다. 그다음은 화제 전환을 한다. "옷이 참 멋있네요. 며느님이 해 주셨나요?" 분위기가 한결 부드러워진다. 그다음의 대화는 할머니로 넘어간다. "옷이 멋있네요. 젊을 때 미인이었겠습니다."

거기서 돈은 며느리가 내는 사람이라는 것을 파악한다. 슬그머니 아기 아빠에게 말을 건다. "요즘 하시는 일 어려우시죠?" 아까와는 다르게 솔직한 이야기를 나눈다. "힘들어요." 그렇게 되면 처음과는 달라진다.

아이 엄마에게 "힘드시겠네요."라고 하면 경계하는 마음이 풀어지며

겸손해진다. 그때 오늘 촬영할 사진의 컨셉을 설명한다.

사람은 듣는 소리에 따라 감정이 달라진다. 음악도 화음이 되는 소리를 들을 때 기분이 좋아진다.

"젊은이들이 기고만장해서 오면 처음에는 내버려 둡니다."

슬그머니 접근해서 한마디를 붙인다. "만난 지 오래됐어요?"

이야기하다 보면 상대방이 주춤해진다. "저 친구 어디가 매력이에요?" 점점 더 그들의 이야기로 들어간다.

"하나 물어봅시다. 저 여인을 사랑합니까? 눈을 보고 이야기하세요."

그 여자의 눈가에 눈물이 맺힌다. 쉽게 웃을 수 있는 상황이 아니다. 서운한걸.

"사랑합니까?"

여자는 눈물을 주르륵 흘린다.

이처럼 사진가는 사람에게 감동을 주어야 한다. 그 감동을 그대로 사진에 표현한다면 어떤 느낌이 들겠는가? 그 사진을 볼 때마다 그때 그 감동의 기억이 되살아난다. 그는 사진은 3번 감동을 시켜야 한다고 말한다. 촬영하는 과정에서, 사진 결과물을 보았을 때, 사진을 찾아갈 때, 이렇게 3번 감동을 주어야 한다는 것이다. 그리고 그는 한마디 덧붙였다.

"추가로 집에 걸어 놓았는데 주변에서 어디서 촬영했냐고 물어볼 때입니다."

이렇듯 김용성은 고객과의 촬영 전 대화를 무척 중요하게 생각을 한다. 고객의 사상과 생각을 그대로 사진에 담아야 한다고 이야기한다.

김정대 사진가

김정대 작가는 색채학의 전문가로서 기업의 색상차트 작업과 사진가들을 위한 강의를 한다. 네이버 인물 정보에 등록된 김정대 작가의 프로필을 먼저 소개한다.

- 이름 : 김정대(Jeong Dae Kim)
- 출생 : 경기도 양평 단월
- 소속 : 룩앤필 스튜디오

- **경력 사항**(수상내역)

2017 : 한국프로사진협회 교육위원회 위원장, 룩앤필 스튜디오

2011~2014 : 중앙대학교 지식산업교육원 인물사진콘텐츠과정 강사

- **전시회**

2017 : 인류의 폭력 시리즈(커피갤러리파두, 경기 광주), 북적북적벽적골 전(갤러리 벽적골, 수원)

2016 : 프레이밍의 단편들, 그 단상들(한미사진미술관, 서울)

2015 : Art Photography 7 chapters(한미사진미술관, 서울), 천상병 시 사진전(예술의전당, 의정부)

고등학교 때 음악(일렉기타)을 한 김정대의 꿈은 뮤지션이었다. 학교

다닐 때 활발한 성격의 소유자였던 그는 고등학교 때부터 등산과 낚시를 좋아했다.

공상이 많던 그는 연출을 하고 싶어 대학은 영화과에 지원하지만 낙방을 한다. 재수, 3수를 했으나 대학 진학을 못하고 포병 관측병으로 군대를 가게 된다.

첫 직장은 선우프로덕션에 영화카메라 어시던트로 간다. 주로 방송 CF를 하는 회사였는데, 정신력과 노가다가 필요한 곳이었다. 일주일에 2시간 잘 정도로 밤을 샐 만큼 힘들었으며, 장비와 짐이 엄청 많아 무거웠다. 당시 열정페이로, 연봉이 360만 원이었다. 영화 일을 하면서 꿈은 컸는데 하는 일마다 실패를 하면서 우울증이 오게 된다. 그러나 이러한 우울증이 사진을 하게 되는 동기가 된다.

영화 일을 그만두고 백수로 지낼 때 부평의 도서관에 자주 가게 된다. 제육덮밥이 한 끼에 1,500원으로 일반 식당의 절반 가격이었다. 그렇게 도서관에 다니면서 그는 막연하게 사진을 공부해야겠다고 생각하게 된다.

사진 관련 책을 보다가 존재론이 나오면 하이데거를 읽는 식으로 장르를 가리지 않고 책을 읽는다. 꼬리에 꼬리를 무는 공부를 하고, 막히면 찾아서 스스로 공부하였다. 그는 동양철학, 풍수(가상학), 관상학 등 인문학을 비롯한 정신세계에 관심이 많았다. 그 후 김정대는 30대까지 책을 열심히 읽게 된다.

집에 손 벌리기 싫어서 거의 폐인처럼 지내던 어느 날, 가족이 찾아온다. 누나와 엄마가 걱정을 많이 해 결국 그는 수원 친누나 집으로 가게 된다. 그곳에서도 김정대는 도서관을 자주 찾았다. 사서가 복사카드 남은 것을 모아서 주면 프린트하며 열심히 공부하였다.

사진과를 다닌 것도 아니고 방향이 없는 김정대에게 도서관은 지식의 바다였다. 특히 철학과 물리 등 논리적인 학문을 좋아했다.

사진 입문

사진이 하고 싶었던 그는 베이비스튜디오에 입사한다. 영화계에 비해 스튜디오의 일이 소꿉장난만큼 쉽게 느껴졌다. 열정 페이로 거의 무보수로 일을 하였는데, 사진계에 양심의 문제가 있다고 생각했다. 이에 회의를 느낀 김정대는 베이비스튜디오를 그만두게 된다.

그 시기에 막노동을 하면서 다시 많은 책을 많이 읽는다. 가끔 알바로 5만 원씩 받고 결혼식 비디오를 촬영하였다. IMF 직후라 주변 친구들도 마땅한 직업이 없던 시기였다. 고향에 가면 친구들과 냇가에 가서 고기 잡는 시간이 이어졌다. 한참 꿈을 펼칠 나이에 그렇게 답답한 시간이 흘러가고 있었다.

그러던 중 아는 형님이 강남에서 웨딩 스튜디오를 오픈하게 되면서 웨딩사진을 시작하게 된다. 그동안 사진을 잘 찍는다는 생각은 못했는데, 남들과 비교해 보니 사진을 잘한다는 것을 알게 된 김정대는 2000년, 서른 살의 나이에 프리랜서로 독립하여 웨딩스튜디오 샘플촬영과 개인작업을 하게 된다. 개인작업이 인기를 끌면서 고수익을 올리기도 하였다.

빛이 안 좋으면 촬영을 하지 않고 계속 이동을 하는 등 작품에 대해서는 까다롭게 작업하였다. 이렇듯 다른 작가보다 이동량과 까다로운 주문이 많으니, 같이 일하는 웨딩 도우미분들이 힘들어했다. 그럼에도 웨딩 도우미분들은 자녀들의 결혼사진을 김정대 작가에게 맡겼다. 사소한 일도 꼼꼼히 하는 것을 누구보다 잘 알기 때문이었다.

떳떳한 사진작가가 되고 싶었던 그는 손에서 책을 놓지 않았다. 장비 욕심이 많아서 자동차를 포기하고 핫셀 풀세트를 구매한다. 카메라와 필름 매거진을 칼라, 흑백, 슬라이드 3개 모두 들고 다닌 것이다. 대신 자동차는 200만 원을 주고 중고차를 살 정도로 장비 욕심이 많았다. 사진가의 기본적 자세라고 믿었기 때문이다.

그 당시는 신랑 신부의 웃는 사진만 촬영하던 시대였다. 그러나 김정대는 웃는 사진만이 정답은 아니라고 생각했다. 사진의 본질에 대한 생각을 많이 하게 된 시기였다. 그는 또 웨딩사진을 하면서 파인아트에 관심을 가지게 되었다.

2000년대 초에는 포토샵 5.5를 통해 디지털을 접하게 된다. 실력이 좋다는 생각은 하지 않았는데 사람들의 반응이 좋아서 포토샵 합성강의를 처음 시작하였다.

이후 웨딩과 광고사진까지 하게 된다. 하루는 의상을 촬영했는데, 똑같은 색으로 프린트를 했는데도 색이 제대로 나오지 않았다. 이 분야를 찾다 보니 CMS를 접하게 되었다. CMS 공부를 시작한 것이 시기적으로 1.5세대 정도 된다. 그 당시는 RAW나 CMS를 강의하는 사람이 거의 없던 시기였기에 알음알음으로 강의가 계속 들어왔다. 그가 강의로 많이 알려진 것은 2008년 사단법인 한국프로사진협회 국제세미나 강의를 하면서이다.

2006년에는 프린트 때문에 삼성에서 러브콜이 왔다. 이때 삼성카메라 표준차트를 작업한 것이 CMS를 더 공부한 계기가 된다. 이후 그는 사진의 여러 단체와 모임에서 강의를 하고, 기재업체 자문(연구소장)을 하며 연구를 계속하게 된다.

다른 강사들은 기술적인 것만 강의를 한 탓에, 테크닉은 좋았지만 맥을 잡는 강사는 없었다. 더욱이, 인물사진의 코드 설명을 잘하는 사람이 별로 없었다. 이에 반해, 김정대는 자신이 찍은 사진으로 강의를 하기에 당당하고 떳떳한 강의를 하게 된다.

김헌 선생님과의 만남

2004년 중대 산업교육원에서 김헌 선생님을 만나게 된다. 김헌 선생님과의 만남은 스승이라기보다는 사상적 동지라는 개념이 더 컸다.

당시 중앙대학교 산업교육원 수업은 현업에서 활동하는 프로사진가들이 대부분이었다. 김헌 선생님은 해부학, 관상학, 골상학, 존시스템의 중요성을 이야기하였다. 그런 공통점이 김정대에겐 사상적 동질감을 느끼게 하였다.

수강생 김정대는 김헌 선생님 수업시간에 숙제로 사진을 제출하였다. 이때 김헌 선생님은 칠판에 김정대의 사진을 붙이고는 "이 사진 빼고는 다 도둑놈들이야."라고 하였다.

그동안 사진을 독학으로 하였기 때문에 맞는지 틀리는지 확신이 없었던 김정대는 김헌 선생님의 지도로 정체성의 혼란에서 벗어나 확신을 가질 수 있어 너무나 기뻤다. 김헌 선생님에게 꾸준히 배우며 실력을 갈고 닦았으며, 웨딩을 하면서 실무에 존 시스템을 적용해 촬영하게 된다.

그러던 중에 김헌 선생님의 몸이 불편하신 관계로 후임 지도교수가 필요하게 된다. 그리하여 김정대는 2010년부터 2013년까지 김헌선 선생님을 대신하여 수강생을 대상으로 지도를 하게 된다. 김정대 교수가 수업하는 2학기가 시작되면 수강생들이 많이 몰렸다. 수업은 실력으로 당당하게 가르치고, 양심껏 가르치려 노력했다.

교육의 내용에는 그의 철학이 반영되었다. 그는 무턱대고 많이 촬영하지 말라고 수강생에게 주문하곤 했다. 그는 특히 "계획을 하고, 생각, 실행해서 촬영해야 깊이 있는 사진이 나온다."는 것을 강조하였다.

리터칭(포토샵 사진수정)을 잘하기 위해서는 최소 2년에서 10년 이상 공부를 해야 한다. 그러나 빨리 배우고 싶은 급한 마음 때문에 많은 사진가들이 중도에 포기하였다. 한두 달 배워 현장에 적용하려는 수강생(사진가)들이 많았기 때문이었다. 이에 대해 김정대는 "모든 일에는 일만 시간의 법칙이 있다. 하루 1시간이라도 매일 꾸준히 해야 한다."고 강의하였다.

김정대는 사진가들이 사진작가라는 생각을 하지 말라고 이야기한다. 소설가를 소설작가라고 하지 않고 소설가라고 하듯 '작가'라는 말은 함부로 쓰는 것이 아니라고 역설한다. 그는 작가보다 소설가, 화가, 음악가, 사진가가 순수하고 좋다고 말한다.

웨딩 촬영할 때 주변에서 "열정은 알겠으나, 굳이 그렇게까지 해야 하는가?"라고 질문할 때마다 그는 사진가라면 자신의 생각대로 만드는 작업을 해야 한다고 답한다. 고객과의 타협을 하여 턱을 깎고 수정하여 고객에게 맞추어 준다면 장인이라고 불러야 한다는 것. 그는 예술이란 고객의 요구를 들어주지 않는 것이라고 말한다. 더 큰 발전을 하려면 사진가인지 장인인지에 대한 정체성이 있어야 한다고 주장한다.

그는 웨딩앨범을 촬영할 때 리듬이 있는 사진, 로우앵글, 하이앵글을 과감하게 적용하였다. 한 가지 렌즈를 계속해서 사용하는 동료들이 많았는데, 그는 렌즈를 다양하게 사용하였다.

김정대의 장점 중 하나가 컴퓨터 조립을 잘한다는 것이다. 돈이 없어 직접 공부하여 만들면서 시작하게 되었다. 그가 교육하면서 느낀 것은 아날로그 때 제대로 공부한 사람은 디지털도 쉽게 접근한다는 점이었다. 어설프게 아날로그를 한 사람은 디지털에서도 헤맨다. 사진은 단지 도구만 바뀐 것뿐이기 때문이다.

가족과의 이별

2004년 결혼 후 행복한 가정생활을 하던 그에게 시련이 찾아온다. 2010년 와이프가 폐암으로 세상과 이별한 것이다. 그는 와이프의 죽음으로 삶과 죽음에 대한 생각을 많이 하게 된다. 한동안 밥도 먹지 못하고 실의에 빠져 있었다.

첫해는 잘 버텼지만 이듬해에는 완전히 무너진다. 곡기를 끊고 삶과 죽음을 오갔다. 자고 일어나면 누가 물을 뿌려 놓은 것처럼 자리가 흥건하게 젖었다. 일상생활에 지장을 초래할 만큼 다한증이 심해져 운전하다가도 흥건하게 적실 정도로 땀을 흘렸다.

어머니는 그런 아들을 보고 죽은 사람은 잊으라 했다. 그는 좋지 못한 건강 때문에 아이들이 가장 예쁠 때인 2살~4살 사이를 제대로 보지 못했다. 죽을 운명이 아닌지 보름 동안 귤 2박스를 먹고 삶의 의지를 찾게 된다.

산과 시골에서 요양을 하고 건강을 회복한 그는 다시 서울로 돌아와 예전에 읽었던 책들을 읽는다. 먼저 눈에 들어온 책은 『웰컴투 지구별』 (로버트 슈워츠)이었다. 죽은 사람 영매를 만나서 삶의 의미를 찾는 내용이었다. 지금 생각해 보면, 와이프가 그 책을 보라고 한 것 같다고 한다. "내 인생의 희로애락은 이미 결정되어 있다. 당신이 강해지고 성장을 하라."는 내용에 크게 공감했다.

힘이 되어 준 또 다른 책은 『가족 세우기』(버트 헬링거)이다. 인간관계의 질서, 원인과 결과, 자연적 질서를 배우는 내용이었다. 열 줄을 읽는 순간 그의 얼굴이 눈물로 뒤덮인다. 그동안은 슬픔의 눈물이었다면, 이때 흘린 눈물은 해소되는 눈물이었다고 그는 회상한다.

사람이 스트레스를 받으면 그걸 눌러 주는 항생 물질이 나온다고 하는데, 1년 정도 시기가 지나면 소진된다고 한다. 김정대 작가는 시련을 통해 삶과 죽음의 경계, 어떻게 살아야 하는가, 소유의 개념, 죄, 용서, 질서, 사랑 등 책에서 나오지 못한 것들을 배우게 된다. 큰 아픔에서 좋은 작품이 나온다고 하는데, 그때 작품 활동 한 것이 제일 좋았다고 한다.

사진 철학

사회가 발전하면서 소비자들은 새로운 사진을 원한다. 기존의 생각으로는 고객을 채워 줄 수 없다. 따라서 사진가는 좋은 장비를 도입하여 퀄리티를 높여야 한다고 그는 주장한다. 특히 대형스튜디오는 연구 개발하여 지점에 계속 공급해야 하는데, 그 이유를 사진이 어디를 가나 똑같다면 결국 싼 곳을 찾아가게 마련인 소비자의 심리에서 찾는다.

현재 사진계가 힘들어진 것은 각자의 색깔이 모두 같기에 차별화, 창의성이 없어진 데 있다. 고객이 이미지를 접하는 비율이 엄청 늘었으므로 오너는 끊임없이 교육에 투자하고 연구해야 한다고 주장한다. 그는 더불어 공산품을 만들면서 작가라고 해서는 안 되며, 진정한 사진을 만들어 내야 한다고 덧붙인다.

"사진의 가치는 이야기가 있고 제목이 있어야 합니다. 사진의 구조를 파악할 때 전체적인 서사시와 이야기를 보아야 하죠. 그런데 사진 품질의 기본기가 없이는, 마케팅으로도 승부를 볼 수가 없는 경우가 많습니다. 사진가가 생존하기 위해 기본기가 필수인 이유죠."

그는 또 우리나라 사진계에 쓴소리를 낸다.

"우리나라 사진가는 무조건 돈이 목적인 것이 아쉽습니다. 직원들을 교육시키면 사진계가 전반적으로 활성화되는데, 후배를 안 키우는 것도 문제입니다. 또, 우리나라 사진계가 철학이 부족하여 프로그램의 정품을 쓰지 않는 경우가 많습니다. 프로그램의 정품을 사용하면 생각이 달라집니다."

그는 또 역사보다는 뿌리가 있는 롤 모델이 있어야 된다고 생각한다며, 오랫동안 존속하고 영속적인 스튜디오 모델이 없는 것이 아쉽다고 덧붙인다.

"사진교육을 하는 선생님들은 돌아가실 때까지 사진기를 들고 촬영을 해야 합니다. 카메라를 들어야 교육을 할 자격이 있다고 생각합니다. 돈을 벌려면 떳떳하게 벌어야 합니다. 간혹 잘못된 사진가 한 명이 사진인 전체를 싸잡아서 욕을 먹게 하는 경우도 있습니다. 동료가 사진을 잘하면 칭찬하고 격려하는 문화가 필요합니다. 그리고 사상과 인문학은 사진가들이 필수적으로 공부해야 합니다."

그는 사진을 직업으로 선택하는 후배에게 부탁하는 것이 있다고 한다.

"사진을 하려는 사람은 타자의 입장에서 자신을 바라보아야 합니다. 자신을 성찰하는 능력과 객관적으로 나를 바라보는 능력이 필요하다는 것이지요. 천재지변도 책임으로 생각하고, 나는 프로인가를 생각해야 합니다. 자신의 작품에 아마추어는 책임이 없고, 책임을 지면 프로입니다. 월급 오를 생각보다, 실력을 키워야 할 때입니다. 사랑을 당당하게 표현하듯, 실력을 쌓아서 오너와 배팅할 배짱이 있어야 합니다."

그리고 그는 라면을 스마트폰에 빗대어 카메라의 중요성에 대해 설명한다.

"라면은 요리가 아니고 조리입니다. 스마트폰은 조리이고, 요리를 하려면 카메라가 있어야 하죠. 사진을 좋아한다면 자신의 카메라에 투자를 해야 합니다. 심리적으로 카메라를 들면 무기를 든 것과 같습니다."

그는 또 사진가라면 스스로 철학적 기준이 있어야 한다고 주장한다.

"사진을 좋아하는 것인지 직업적 사진을 하는 것인지 알아야 합니다. 경영이냐 기술이냐 진로를 정해야 한다는 뜻이지요. 사진가냐 경영자로 가느냐 선택을 해야 합니다. 포토스튜디오를 하려면 경영을 배워야 합니다."

그는 진정한 사진가의 조건에 대해 이렇게 말한다.

"베이비사진을 잘 찍으려면 아가를 사랑해야 합니다. 사진은 사람에게 진솔하게 접근해야 하는 것이기 때문이죠. 박수갈채를 받으려 허세를 부리는 사진을 해서는 안 됩니다. 열심히 하다 보면 주변에서 인정을 해 주고, 그래야 진정한 사진가입니다."

마지막으로, 그는 노력의 중요성을 강조한다.

"사진은 신동, 천재가 없습니다. 사진은 후천적이죠. 어쩌다 잘 나온 사진은 필요 없습니다. 꾸준히 잘 나오도록 촬영해야 합니다."

김종석 SMDV 대표

김종석 대표는 전남 장흥군 용산면 산골짜기 외딴곳에서 태어났다. 학창 시절의 김종석은 친구가 많이 없는 내성적인 성격이었다. 외딴곳에 살다 보니 실제로 외톨이처럼 살았는데, 어릴 적부터 만드는 것을 좋아하는 소년이었다.

직장이 많다는 소문에 김종석은 무작정 부산으로 오게 된다. 당시 부산은 사상구 쪽에 신발 공장이 많았다. 부산에서 처음 도착한 곳은 현재 SMDV 본사건물에서 300미터를 벗어나지 않는 곳이었다. 청년 김종석은 무대포로 공장에 가서 취직자리를 알아보고 직업을 구한다.

당시에 버스토큰 제공과 월급 13만 원을 주면 좋은 조건이어서 들어갔지만, 급여가 제때 나오지 않았다. 그로 인해 월급이 잘 나오는 직장을 따라 수없이 옮기게 된다. 청년 김종석은 신발재봉부, 용접공, 전기설비공, 양복점, 프레스공, 보일러설치공, 자전거수리공, 새우잡이선원, 중국집배달원, 신발노점장사, 인쇄소, 나이트클럽웨이터, 택시기

사, 사진현상소, 사진촬영기사, 식당업 등 갖은 일을 하게 된다.

사진 입문

사진에 대한 관심은 20세에 신발공장에 다니면서부터 시작되었다. 사진을 좋아하지만 큰돈이 없어 할부로 펜탁스 카메라를 구입하였다. 청년 김종석은 직장을 다니면서 틈만 나면 카메라를 가지고 촬영하고 인화하는 방법도 배우며 즐겁게 사진에 입문을 하게 된다.

휴일이면 사진을 뽑는 현상소에 가서 사진가들과 모임을 가졌다. 그렇게 모임을 통해 동료 사진가들과 정보를 교류하면서 아마추어 사진작품 활동에 빠지게 된다. 사진 공모전 등에 출품하여 여러 차례 당선되기도 했다.

1990년대 초, 27세의 나이에 처음으로 4평짜리 사진관을 오픈하였다. 사진관이 좁아 증명과 돌, 백일사진밖에 찍을 수 없는 환경이었다. 가족사진 촬영을 할 때면 배경지의 사이즈가 작아 배경의 여백이 나올 정도였다. 그렇게 원하는 사진관은 오픈했지만, 사진관이 작아서인지 손님이 적어 많이 힘들었다.

시간이 갈수록 고민은 깊어졌고 더 이상은 기다릴 수 없었던 그는 작은 유치원이나 미술학원, 음악학원에 일당을 받고 촬영을 나가며 그날그날 생계를 유지해 나갔다. 그렇게 몇 년을 하다 보니 하나둘씩 거래처가 늘어났다.

이번에는 현상소에 주는 돈이 아까워 직접 암실인화 기계를 중고로 구입하였다. 새벽까지 인화하고 인화된 사진을 빨래집게에 걸었다. 직접 수동 현상인화를 했기 때문에 품질의 자부심은 가지고 있었다. 하지만, 안정적인 수익이 나오지 않아 결국 2년 만에 오픈한 사진관은 폐업을 하였다.

사진관은 폐업한 후, 그는 유치원, 태권도장, 음악학원, 미술학원, 웅변학원, 컴퓨터학원, 뷔페돌, 회갑, 예식장원판, 웨딩야외촬영, 증명사진 수동인화 등 사진과 관련된 일이라면 닥치는 대로 하게 된다.

신발 장사와 택시운전

그러나 출사 프리랜서 수익만으론 충분하지 않았다. 여름이 되면 더욱 사진일이 없어서 뭔가를 더 하고 싶었다. 우연히 길거리에서 신발 파는 옛날 직장 선배를 만났다. 그 선배에게 나도 신발 장사를 하게 해 달라고 부탁하였다.

선배는 "너는 생긴 게 여자 같아서 노점장사 못한다."며 만류하였지만, 다급한 김종석은 "신발도매점만 알려 주면 알아서 열심히 하겠다."고 하였다.

당시 200만 원으로 가짜브랜드를 만드는 신발공장에서 신발을 매입하였다. 유동 인구가 있는 조그마한 공간이 보이면 바닥에 비닐을 깔고 장사를 하였다. 부산 인근 시장 근처는 물론 언양 시장, 대전 시장에까지 장사를 하러 갔다.

뚜렷이 고정자리가 없는 떠돌이 노점장사의 불편한 점은 식사와 화장실 문제였다. 밥 먹을 시간이 없던 김종석은 식사대용으로 출발 전 물 1.5리터를 2통씩 차에 챙겼다. 물 2통이면 하루 동안 밥 먹지 않고 버틸 수 있었다.

김종석은 당시 노점장사를 통해 두려움과 부끄럼 많은 성격을 고칠 수 있었다. 워낙에 돈이 없었던지라 오로지 가난에 종지부를 찍을 수 있다면 뭐든지 하고 싶었다. 나 하나 희생하면 3대가 가난을 면할 수도 있다는 생각밖에 없었다고 한다.

그렇게 32세가 되었을 때, 조그만 수동현상소를 하나 오픈하였다. 낮에는 유치원 촬영을 하고 저녁에는 암실작업을 하며 촬영이 없는 날이면 신발을 팔러 나갔다. 남다른 성실함을 눈여겨본 지인이 중고 현상기계와 인화지를 아낌없이 지원해 주었다. 하지만 암실작업으로는 성공하지 못하여 도와준 지인에게 죄를 짓는 느낌이 들었다.

먹고살기 위해 그는 택시운전을 하게 된다. 야간시간 배치, 노후차량 등 신입에게는 가혹한 조건으로 시작하였다. 스페어기사라 차가 없어 배정받지 못하고 그냥 돌아오는 날도 많았다.

회사에서는 LPG가스 40리터를 지원해 주었다. 40리터는 회사 사납금을 맞추는 데 사용하였다. 김종석은 사비로 40리터를 추가로 충전하여 사납금 외에 매일 3만 원의 수익을 냈다. 골목골목 다니며 손님이 큰 대로변으로 나오기 전에 내가 먼저 발견해서 태워야 벌 수 있는 금액이었다. 조금 힘들었지만 군에 있을 때 운전병이라는 경험과 열정으로 극복해 나갔다.

택시 일을 마치고 촬영 나가고 들어오면 또다시 암실에서 사진 인화 작업을 하였다. 당시에는 고생이었지만, 그 시절의 경험과 고생이 성공의 밑거름이 되었음은 분명하다.

무선셔터의 탄생

2000년 아날로그 필름시대가 막을 내리려고 하는 시점에 무선 셔터릴리즈 필요성을 느끼게 된다. 오토 포커스가 안 되는 중형카메라는 자연스러운 순간 포착이 어려웠다. 베이비사진을 촬영할 때 포즈를 잡고 카메라에 돌아오면 자세가 흐트러지는 바람에, 타이밍을 맞추기 힘들어 좋은 사진을 얻지 못하였다.

당시 대부분의 프로사진가들은 80~90%가 수동셔터인 120㎜필름인 마미야RB67 카메라를 사용하였다. 그는 수동식카메라를 무선으로 촬영할 수 있는 방법을 고민하였다. 우선 무선 송수신장치를 위해 문방구에서 2만 원을 주고 RC자동차를 구입하였다. 셔터를 눌러 주는 역할의 장치가 필요하여 자동차문 잠금장치를 떠올린 그는 타고 다니던 봉고차에서 잠금 모터장치를 분리하여 테스트를 실시하였다.

거의 한 달을 테스트한 끝에 한 개를 겨우 성공하였다. 문제는 RC무선 컨트롤이 정교하지 못하여 가끔 가다 리모컨을 작동시키지 않았는데 혼자 찍히기도 하는 점이었다.

2000년도에 수동카메라 무선셔터장치는 김종석 대표의 이름을 빌려 'JS2000'으로 하였다. 무선으로 순간포착이 가능해지면서 동적인 촬영을 하게 되자, 사진의 결과물이 좋았다. 주변의 사진가들이 어떻게 촬영을 한 것이냐고 물어왔고, 그때부터 순간포착 리모컨의 존재가 알려졌다.

리모컨을 본 사람들은 다른 사진가들도 쓸 수 있게 해 달라고 부탁하였다. 김종석 대표는 스스로 만든 것이라 조잡하여 돈을 받고 누구에게 팔기는 어렵다고 생각하였다. 동료 사진가들도 조금만 완성도 있게 제작하여 판매해 보라고 권유하였다.

돈이 아쉬운 시기이기에 좀 더 개발을 해 보기로 마음을 먹게 된다. 금형으로 만들기는 자금이 부족하여 PVC 2미리판을 구매하여 열선으로 접어서 케이스를 제작하였다. PVC표면은 신발의 원단인 검정색 레자를 본드로 표면에 붙였다. 모든 것이 수작업이다 보니 일주일에 2대를 제작하기도 쉽지 않았다.

그는 대당 26만 원의 가격 책정을 하고 판매를 해 보기로 했다. 그때부터 김종석은 사진기자재 연구에 빠지게 된다. 낮에는 웨딩사진 촬영을 하고, 밤에는 무선 리모컨을 만들어 필요한 사람에게 1개씩 판매한 것이다.

그러던 어느 날, 자신의 스튜디오에 배경 설치를 하러 온 사장님에게 무선셔터 리모컨을 보여 주었다. 그 사장님으로부터 한국프로사진가 세미나가 경주현대호텔에서 열리는데, 그곳에 출품해 보는 건 어떠냐는 권유를 받았다.

실천력이 강한 김 대표는 아무런 준비 없이 프로사진세미나에 참가하게 되었다. 부스신청도 안하고 정보도 없이 세미나장에 무작정 찾아간 것이다. 우여곡절 끝에 조명회사 부스 중 약 70센티 남짓한 공간에 70만 원을 주기로 하고 임대를 하였다.

그런데 막상 전시를 하려고 하니, 전시할 수 있는 탁자나 의자도 없었다. 버려진 박스 하나 접어 테이블을 만들고 보를 씌워 SMDV의 첫 전시회는 그렇게 시작되었다.

처음 프로사진세미나에 참가한 것이지만, 테이블 위에 제품을 올리자마자 사진가들의 반응이 왔다. 사진가들이 부스를 에워싸고 처음 본 제품에 질문과 구매에 줄을 이어 갔다. 2박3일 동안 열리는 전시회인데

기대하지 않고 준비해 온 무선셔터장치 10대가 첫날에 모두 팔렸다.

제품이 없어 더 이상 전시를 할 수 없어 전시회를 마치자마자 부산에 운영하는 사진관으로 향했다. 판매 물량을 위해 밤을 새어 아침까지 9개의 제품을 더 만들 수 있었다. 아침이 되어 전시장에 도착했는데, 물건을 사기 위해 고객들이 줄지어 기다리고 있었다. 판매한 금액이 모두 700만 원, 처음으로 큰돈을 벌어 본 순간이었다.

흐트러진 현찰더미를 투명한 비닐봉지에 마구 담아 제일 먼저 어머니에게 보여 드렸다. 맨날 돈 많이 못 번다고 구박만 하시던 어머니는 무슨 돈이냐며 놀라움을 감추지 못하셨다. 어머니는 밤새 돈을 반복해 세느라 밤을 꼬박 새웠다.

그다음 날, 700만 원 중 어머니에게 10만 원만 용돈을 드리고 나머지는 금형 제작에 투자하였다. 전시회를 통해 용기를 얻은 그는 사진촬영 대신 사진기자재 연구를 시작한다.

무선동조기 2번째 개발 시작

2000년대 초반은 디지털로 변환되는 시기였다. 아날로그 중형 카메라는 무거워서 들고 촬영하기는 어려웠다. 반면 디지털 카메라는 작고 가벼워 손으로 쉽게 들고 찍을 수 있었다. 그러나 당시 디지털 카메라는 카메라와 조명 간에 싱크로선이 유선으로 남아 있어 불편함이 많았다.

전파식 무선동조기 개발의 필요성을 절실히 느꼈지만, 전파에 충분한 지식이 없었다. 수많은 도전 끝에 마침내 처음으로 무선동조기SMT-125를 개발하였다.

시장에서는 많이 판매되었지만, 무선동조기가 200대가 모두 결함이 발생해 모조리 반품되기 시작하였다. 그로 인해 사진가 사이에서는 에스엠 개발 제품은 에러가 많이 난다는 소문이 돌기 시작했다. 어떤 분들은 예식장 사진을 망쳤다며 변상을 요구해 오기도 했다. 심한 욕설도 홈페이지 게시판에 올라오기 시작하였다.

사진가 출신이기에 소비자의 불만에 공감한 그는 모든 제품을 변상해 주기로 결정하였다. 진심은 통한다고, 사진가들에게 진실로 사정을 이야기하고 부탁도 하였다.

"과도한 변상을 원하시면 저에게는 아직 큰돈이 없습니다. 제가 망하면 무선동조기 개발도 없어집니다. 도와주세요."

진실한 마음으로 설득을 하였다. 새 제품을 원하면 보내 주었고, 3분의 2 정도는 회수하였다.

회수가 되지 않은 제품은 잘 쓰고 있는지 궁금하긴 했지만, 한편으론 마음이 편하였다. 일단 고객의 기분을 상하게 하지 않고 신뢰를 얻는 것이 중요하다고 생각하였기 때문이다.

전시회에 나가면 판매의 절반은 그냥 주다시피 했다. 그때부터 소비자들이 제품에 불만을 얘기하면 당연히 내 잘못이라고 생각하였다.

정직이 SMDV의 신뢰의 발판이 되었다.

해외로 진출하는 SMDV

2005년도에 지인분들의 권유로 일본 동경 빅사이트홀에서 열리는 사진기재전시회에 참가하였다. 국내에서 큰 인기를 얻었던 제품이라 수출이라는 큰 꿈을 안고 일본에 진출한다. 그러나 생각과 달리 일본에서 거래처 하나 발굴하지 못하고 참패를 맛보았다.

김종석은 품질의 완성도와 전자제품이란 특성상 현지에서 AS 대리점이 절실함을 깨닫게 된다. 그렇게 일본전시회 참패로 많은 것을 느끼며 발전해 간다.

그로부터 1년 뒤인 2006년에 독일 세계최대 사진기자재전시회 포토키나의 참석을 권유받았다. 독일 포토키나는 2년마다 열리는 가장 큰 국제 사진기재 박람회였다. 그는 '제품이 형편없어 일본에서 참패를 했는데, 독일전시회 참가가 어떤 의미가 있을까?'라고 생각하며 망설였다.

"제가 준비가 되지 않았습니다. 제 자신을 돌아보는 시간이 있어야 합니다."

그러나 지인들은 '이번에 출품을 못하면 3년을 기다려야 한다'면서 계속 권유를 하였다. 지금을 놓치면 3년이라는 시간이 너무나 길다고 느껴져 결국 참가를 결정한다.

2006년 3월, 무역부 직원을 채용하고 제품 개발에 착수하였다. 독일 출품을 위해 신형모델의 무선동조기, 유선릴리즈, 무선릴리즈 3가지 제품을 준비하였다.

전 세계의 유수의 업체가 모이는 독일의 포토키나 전시장은 국내보다 규모가 7배나 컸다. 한국에서는 16개 업체가 참가하였는데, 조명관에 3미터 길이로 전시를 하였다. 하늘이 도왔는지 동조기 회사로는 SMDV가 유일하게 참가하였다.

외국인 바이어가 줄을 섰고, 6일 동안 120업체의 외국바이어 상담하여 25개국과 거래를 성사하였다. 전시를 끝내고 약 2억 2천만 원의 제품 주문을 받았다. 3개월 안에 납품을 해야 했는데, 회사규모 30평, 직원 7명으로는 생산량의 한계가 있었다. 게다가 한국 올림푸스 카메라에서 신학기에 프로모션을 진행하는 유선릴리즈 오더까지 겹쳤다.

당시 올림푸스 카메라는 신학기 구매자에게 유선릴리즈를 제공하는 프로모션을 진행 중이었다. 너무나 하고 싶은 올림푸스와의 계약을 위해 서울본사로 올라가 상담을 마치고 계약을 하였다. 홈쇼핑 하루 방송이 나가면 약 1,500대의 카메라가 판매되었다. 유선릴리즈 역시 한 번 방송 나갈 때마다 카메라 판매량에 맞추어 1,500개를 납품해야 했다.

계산을 해 보니, 월 납품 수량이 최소 5,000개였다. 납기일을 맞추지 못한다면 신용을 잃는 일이었다. 잔업이 많아지자, 직원의 퇴사자가 많아지고 생산량이 부족하였다.

생산량을 맞추기 위해 김종석은 중국으로 가서 제조대행을 해 주는 공장을 찾기로 한다. 중국은 큰 평수의 공장만 있었기 때문에, 전 전세로 60평을 얻었다. 인력을 어떻게 모으는지 모르는 상황에서 통역 한 명 데리고 무작정 길거리로 나섰다.

'직원 모집'이라 적힌 칠판을 세워 놓고 길거리에서 18명을 즉시 채용하였다. 그리고 그들을 공장으로 데려와서 납땜 테스트를 한 후, 생산을 시작하였다. 중국의 원산지 문제가 있어 반제품만 제작하여 한국으로 가져왔다.

초기 3개월 동안은 불량률이 높았으나, 중국의 생산라인 덕분에 모든 주문량을 맞추게 된다.

SMDV의 시련

독일전시회, 한국올림푸스의 물량으로 중국에 가 있는 동안 한국의 에스엠은 망가져 가고 있었다. 이제 고생 끝났다고 기뻐한 것도 잠시, 해외영업부 직원의 배신으로 기술과 거래처를 모두 빼앗긴 것이다. 그들은 다른 곳에 경쟁회사를 차리고 조금 남은 SMDV숨통을 아예 끊으려 했다. 물량을 맞추기 위해 중국에 전념한 대가는 혹독했다.

2007년 100평 규모로 회사를 이사하고 새로운 직원 9명을 채용하고, 다시 시작을 하게 된다. 그러나 두 번째 시련이 기다리고 있었다. 회계 장부가 맞지 않아 세무서에서 특별 감사가 나온 것이다. 어수선한 회사 분위기를 틈타 경리직원의 5억 3천만 원의 횡령사고가 이어졌다. 그 횡령사고로 세무서로부터 22일간 특별 감사를 받았고, 추징금 3억 원을 맞게 되었다.

'3억의 추징금을 맞을 바에야 회사의 문을 닫는 게 낫다'는 생각이 들었다. 횡령도 힘든데 횡령에 대한 세금까지 내려니 부당했다. 수출에만 매달리고 돈을 제대로 써 본 적 없는 김종석은 억울했다. 가난에 종지부를 내 손으로 찍어야 3대가 잘 살 수 있다고 생각하고 앞만 보고 뛰었던 모든 것이 허무했다.

의욕을 상실한 그는 회사 문을 닫을 수 있게 세무사에게 강도 높은 조사를 부탁한다. 돈보다 계속해서 연결된 허탈함 때문에 더 이상 회사를 운영하는 것이 힘들었던 것이다. "다른 사람들은 추징금을 적게 해달라고 사정을 하는데…."라며 세무직원들은 의아해했다.

직원들의 배신, 경리횡령, 고액세금 3가지의 일이 연이어 터지면서 심적으로 너무 힘이 든 시기였다. 결국 1억 4,300만 원의 추징금을 내고 종료되었다.

회사는 우여곡절을 맞으면서 2008년~2010년 최고 정점의 매출을 달성하게 된다. 동조기 한 개로 지금의 회사건물을 매입하게 되었다. 그는 사건 이후 많은 교훈을 얻게 되었다. 직원들과 눈높이를 맞추는 오너가 되어야 한다고 생각한 것이다.

"직원들이 처음부터 회사에 횡령을 해야지 하고 들어오지는 않았을 것입니다. 엉성한 관리시스템을 만든 구조에서는 누구라도 쉽게 유혹에 빠질 수 있을 겁니다."

오너만 행복한 것이 아니라 직원들과 같이 행복해야 한다는 생각에, 직원의 복지에 관심을 가져야겠다고 다짐했다. 그는 회사 회식이 있는 날이면 참석을 부탁할 수 있으나 강요하지 않았다. 사정이 있어 회식에 참석 못하는 직원을 존중하고 절차와 장소는 직원들이 준비하게 했다. 회식의 중요한 목적은 화합이라는 생각에서였다. 상대방을 이해하고 배려하는 것이 제일 중요하다고 생각한 것이다.

김종석은 회식할 때 앞장서서 일일이 호명하며 고기와 술 한 잔씩을 건네고 감사의 말을 전했다. 대표가 어렵지 않고 털털한 마음을 보여주었을 때 직원들이 마음으로 다가왔다.

그가 전시장에 가면 느끼는 것이 있다. 회사가 조금 잘되면 간부를 내세우고 오너는 전시장에 나오지 않는 경우가 많다는 점이다.

"전시장은 곧 전쟁터인데 오너는 제일 앞에서 고객을 맞이해야 한다고 생각합니다. 오너는 고객의 소리를 가장 가까이서 들어야 합니다. 고객이 원하는 것을 결정권자인 대표가 느껴야 합니다. 결정권자가 듣지 않으면 변화는 없습니다. 소비자 가까이에 있어야 결단을 내릴 수 있고 판단할 수 있습니다. 간부의 목소리는 필터링이 되어 전달력이 약합니다."

그래서 그는 아직도 전시장에서 선두를 지킨다.

"오너가 고민하는 순간 이미 문제의 반은 해결된 것입니다. 결정권자가 고민을 해야 일이 시행되는 것입니다. 변화의 속도가 빠를수록 오너가 고객의 소리를 듣지 못하면 빨리 대응할 수 없습니다. 그래서 저는 전시장에서 선두를 지킵니다."

많은 사람들로부터 "아직도 직접 물건을 파십니까?"라는 질문을 받는다는 김종석 대표.

"제가 제품 가격을 정확히는 모르나 고객님과 이야기를 듣고 싶습니다."

오너는 현장에서 고객이 불편한 점은 무엇인지 알아야 한다. 미래에는 무엇을 개발해야 하는지, 고객의 목소리에 귀 기울이는 시간이 되어야 한다.

김종석은 다수의 발명특허를 바탕으로 직원 28명, 해외 38개국으로 수출하는 중소기업의 대표가 되었다.

에필로그

에필로그

2015년『스튜디오 경영 매뉴얼』이 출간되고 3년 만에 2탄을 출간하였다. 원래 2년에 한 권씩 내려고 계획했으나, 게으름으로 실천을 하지 못해 출간이 늦어졌다.

생업을 하면서 책을 쓰려니 시간이 매우 부족하였다. 거기에 최종 학력은 고졸에, 책을 전문적으로 쓰는 사람이 아니라 책 쓰는 일은 내게 너무 힘들었다. 원고를 2시간 쓰고 나면 지쳐서 눕기 일쑤였다. 지쳐 쓰러진 나를 와이프는 잠만 잔다고 구박(?)하였다.

책을 쓴다는 것은 나 자신과의 싸움이었다. 좋은 글을 쓰기 위해 독서량도 늘려야 했고, 사고를 하는 시간이 많아졌다. 내가 아는 것이 정확한지, 한쪽으로만 생각하는 것은 아닌지 걱정을 많이 하였다.

책을 쓰면서도 "돈 버는 일에 집중해야 하는 게 아닐까?"라는 고민을 많이 하였다. 하지만, 책 쓰는 자체가 나에게는 공부이자 나 자신을 업그레이드하는 기회가 되었다.

완벽하게 책을 쓰려 하니, 이래서는 책을 출간하지 못할 것 같았다.

결국 처음에 기획했던 의욕과 욕심을 조금 내려놓고 출간하기로 마음을 먹었다.

인간으로서 삶의 흔적을 조금이라도 남기고 싶은 욕심에 죽기 전에 3권 이상 책을 내는 목표를 세웠다. 책을 쓰면서 90년도에 사진에 입문할 때가 생각났다.

90년대에는 사진기술을 배우기가 어려웠다. 기술직이라는 인식 때문에 가르치는 문화도 없었거니와 가르치는 스킬도 없었다. 당시의 서러운 마음을 후배들에게는 대물림해 주고 싶지 않아서 매뉴얼을 만들기 시작하였다.

이렇게 내가 좋아서 만들기 시작한 매뉴얼은 강사라는 직업을 가지게 해 주었다. 직장 생활을 할 때부터 만들어 온 매뉴얼로 강의를 하고 어느덧 두 번째 책까지 출간하게 되었다.

90년대와 비교해 보면 지금은 배워야 할 지식이 너무 많아졌다. 과거에는 가르쳐 주지 않으려고 했는데, 이제는 상황이 역전되어 가르쳐 주어야 하는 것이 많아졌다. 지금의 후배들이 배워야 할 지식이 너무 많아져서 안쓰러울 때가 많다.

이 책이 나오기까지 격려해 주고 용기를 준 신지스튜디오 클럽의 정찬일 부장님에게 감사의 말을 전한다. 정 부장님은 스튜디오 경영 매뉴얼에 관한 책을 써 보라고 나에게 회유와 협박(?)을 한 분이다. 1탄이 나올 때 감사의 글을 책에 쓰지 못했는데, 2탄에 드디어 감사의 뜻을 전한다.

SMDV 배터리식 360W TTL 스트로보

BRiHT-360

고속동조 1/8000초

자동노출 스트로보

www.smdv.co.k

기본스펙

- 고용량 300W
- TTL 무선 컨트롤
- 고속동조 1/8000초
- PRT 멀티촬영모드
- 카메라 원격 광량 조절
- 리튬이온 14.4V 고용량 배터리
- 7W LED 모델링
- 80채널 2.4GHz 무선동조 내장
- A,B,C,D 4그룹 동시 무선제어

플래시 후면 LCD 콘트롤

TTL 송신기 (플래시웨이브
CANON / NIKON

A : 부산 사상구 낙동대로 1532 / Tel : 051-324-0450 / E-mail : smdv@naver.com   Site : www.smdv.c

SMDV 배터리식 500W TTL 스트로보

BRiHT B500

고속동조 1/8000초
자동노출 스트로보

www.smdv.co.kr

기본스펙

- 고용량 500W
- TTL 무선 컨트롤
- 고속동조 1/8000초
- PRT 멀티촬영모드
- 카메라 원격 광량 조절
- 리튬이온 11.1V 고용량 배터리
- 15W LED 모델링
- 80채널 2.4GHz 무선동조 내장
- A,B,C,D 4그룹 동시 무선제어

TTL 송신기 (플래시웨이브-5)
CANON / NIKON

부산 사상구 낙동대로 1532 / Tel : 051-324-0450 / E-mail : smdv@naver.com   Site : www.smdv.co.kr

SMDV

스피드박스

SPEEDBOX
MEGA 180

SPEEDBOX
MEGA 180

SMDV

TT-Control

For Canon Speedlight E-TTL,
For Nikon Speedlight i-TTL Control Trigger

플래시콘트롤

무선릴리즈

Nikon

무선동조기

아이피스

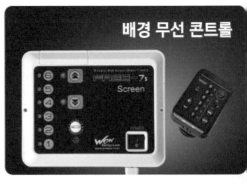

배경 무선 콘트롤

FREE-7s
Screen

인터벌 릴리즈

SMDV
5M

반사판

SMDV

A : 부산 사상구 낙동대로 1532 / Tel : 051-324-0450 / E-mail : smdv@naver.com   Site : www.smdv.co

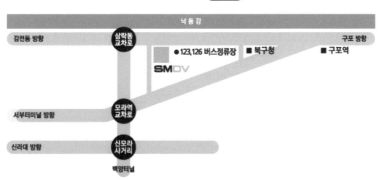

스튜디오 광고
핵심 전략!

성공적인 **스튜디오** 온라인 **광고마케팅**

現 전국 베이비&가족사진 스튜디오 온라인마케팅 진행중!

(주)상상이즈의 풍부한 경험과 노하우를 바탕으로 스튜디오 업종의 시장 상황에 맞게 최적의 전략을 제시합니다.

SANGSANGIS Online Marketing

모바일 통합검색 노출	브랜드 마케팅	블로그 마케팅
Mobile Marketing	Brand Marketing	Blog Marketing

스마트폰 사용자 수 급증!
모바일 검색률 상승!

구매로 이어질 확률이 매우 높은 광고 상품입니다.

양질의 컨텐츠성 포스팅
소비자와의 커뮤니케이션

상품, 서비스에 맞는 디자인으로 제작!

빠른시간에 높은 광고 효과!
고객유입 및 매출상승기대!

전문화된 블로거, 인플루언서와 함께합니다.

(주)상상이즈는 스튜디오의 브랜드 가치를 상승시키고
차별화된 플랜으로 고객브랜드의 시장 판도를 변화시키며 매출 증대에 기여합니다.

SANG SANG IS 1566-0173

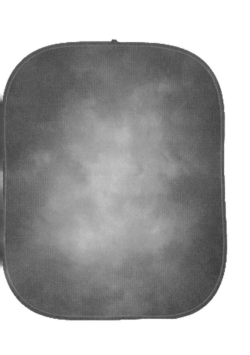

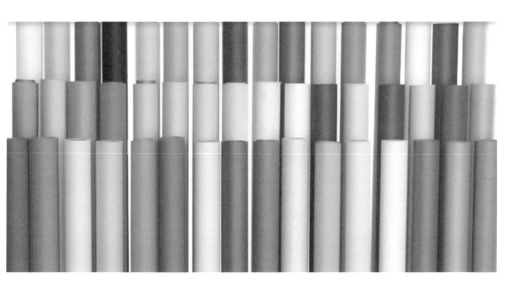

Since 1940

Background

원 배 경 (사진/스튜디오배경, 사진조명설치)

전화 031-945-4900

www.wonbackground.com
경기도 파주시 조리읍 전지미말길 102 원배경
경기도 수원시 권선구 세권로 221번길 34 멘토사진기구

취급품목: 캔버스(롤배경), 모스린(커텐배경), 종이배경, 사진조명
동조기, 소프트박스등 사진기자재 설치및 이전

가족사진의
새로운 패러다임

Family CHUNG